L'école de ma vie

À Mademoiselle Tortel, dont je n'oublierai jamais une phrase de sa première conférence pédagogique, rue d'Ulm, en 1947 : « On n'enseigne jamais mieux que lorsqu'on n'est pas sûr, lorsqu'on cherche, lorsque la solution n'est pas trouvée, lorsqu'on trace d'un esprit ouvert et alerté une route non explorée... alors l'enfant intervient et guide... alors il apporte sa spontanéité, il se découvre, et ses échecs retentissent en écho dans la perplexité de l'adulte. »

Lucette Allègre
avec la collaboration de Marie Renault

L'école de ma vie

Bayard Éditions

ISBN 2-227-13794-0

3, rue Bayard, 75008 Paris

I

1913-1931

La Gabachoune et le collier d'escargots

Pour être une bonne institutrice, il faut avoir vécu son enfance avec passion. Mon enfance fut heureuse, rude peut-être, dans un monde ébranlé et dans une famille qui n'était pas bien riche, mais entourée d'amour certainement.

Il n'est pas une saveur, pas une odeur, pas une sensation, une joie, un émerveillement, un chagrin, une fête ou une tradition, pas une découverte, une initiation, un apprentissage, qui n'ait dans ces années désormais lointaines nourri mon désir de les faire partager plus tard aux enfants qui m'entoureraient et feraient à jamais le bonheur de ma vie.

Rien de mes jeunes années campagnardes ne s'est perdu dans la vie citadine qui fut ensuite la mienne. À chacun de ces instants, et à tous les êtres qui ont su leur donner un tel prix, je veux ici rendre hommage.

Je suis née un dimanche d'octobre 1913, dans la ferme du Furou, au bord de la source de l'Orb, dans l'Hérault ; à l'heure où les cloches sonnaient l'angélus de midi, sous les auspices de Marion la guérisseuse, qui sauva ma mère d'une grave hémorragie au moyen d'un savant mélange d'ergot de seigle connu d'elle seule. Quand le médecin arriva – il venait de Lunas, à 25 km, au trot de son cheval –, tout était rentré dans l'ordre.

Deux ans plus tard naissait ma sœur Renée, dans des circonstances semblables. Mais l'époque était différente, c'était la guerre et notre père ne tarda pas à partir. Son départ entraîna le nôtre : une jeune femme de vingt-deux ans, avec deux enfants si petits, ne pouvait assumer seule les travaux d'une ferme. Nous partîmes donc nous installer près de mes grands-parents maternels, fermiers à la Gardiole, non loin du village de Ceilhes. Notre maison était située en face de la cour de l'école. Mon père, son doux visage barré d'une moustache noire et éclairé de grands yeux bleus, put nous y rendre quelques rares visites, rapportant du front de menus mais précieux présents fabriqués dans des douilles d'obus. Un jour, il nous donna une poupée alsacienne : c'était ma première poupée, ce fut son dernier cadeau. Il fut tué aux batailles du mont Kemel.

Sa mort en 1918 a fait de ma mère une veuve de vingt-six ans et de ses deux fillettes des pupilles de la Nation. Un an plus tard, la diphtérie emportait ma petite sœur. Maman a tant pleuré que ses larmes se sont taries et jamais plus elle n'a pu en verser une seule devant les autres grandes douleurs de la vie.

L'affectueuse protection de ma mère et de mes grands-parents se reporta tout entière sur moi.

Je vécus mes premières années entre deux fermes distantes d'une dizaine de kilomètres, celle de mes grands-parents maternels, venus habiter le village de Ceilhes en 1917, où nous passions la plus grande partie de l'année, et celle de mes grands-parents paternels, le mas Hugonenq, dont cette branche de la famille, et donc moi-même, portait le nom. Fabrègues, chez mon oncle Marius, était ma troisième demeure. Cette vie de nomade me convenait fort bien.

Mon oncle Marius, frère de ma mère, était l'aîné de la famille. Une boiterie non soignée l'avait exempté de toute obligation militaire. Comme beaucoup de boiteux, il était berger et avait la responsabilité de trois cents brebis. Personnage le plus respecté de la ferme, il s'imposait par une sorte de noblesse naturelle. Sa tâche était asservissante et rude sous une apparence de désœuvrement et de relative indépendance. On ne conduit pas le troupeau n'importe où, on ne le laisse pas manger n'importe quelle herbe : le salsifi, le lacheyrm blanc, la mercuriale, le fameux *repuntchou*, voilà qui donne un lait abondant et crémeux. Il faut fuir les champs où les renoncules foisonnent, et choisir ceux où les points d'ombre protègent du redoutable soleil du soir. Quelques notions vétérinaires sont indispensables, comme de pouvoir distinguer les brebis âgées de plus de cinq ans destinées à la boucherie de celles qui ont subi l'assaut du bélier et sont destinées à l'agnelage, ou déceler les bêtes atteintes du tournis. Il faut savoir dresser et commander le chien, précieux auxiliaire du berger. Quelques jours après l'agnelage commençait la traite et le lait était envoyé dans les laiteries pour servir au fromage de Roquefort.

Nestor, autre frère de ma mère, était un farceur et un « terrible ». Il savait tuer les lapins sauvages à coups de bâton, dénicher les oiseaux, faire enrager les vipères. Il braconnait, attrapant le lièvre au gîte et sachant reconnaître aux excréments si c'était un mâle ou une femelle. Garçon intrépide, il fut un homme courageux. Il a dû abandonner le travail de la ferme pour partir au service militaire et participer à la pacification du Maroc sous les ordres de Lyautey. Il est revenu en 1914, appelé pour combattre au front, en Belgique, à Verdun. Ordonnance d'un major du maréchal Joffre, il a traversé les combats sans une égratignure.

Ma mère et ses sœurs Henriette et Ernestine trayaient les bêtes deux fois par jour, assises sur un tabouret à trois pieds, maintenant entre leurs jambes l'arrière-train de la brebis. Entre l'index et le pouce, elles tiraient sur les trayons d'un mouvement rapide, tapaient sur les mamelles du revers de la main pour rendre le lait plus crémeux. Leurs jeunes mains souffraient dans l'effort. Aujourd'hui, les trayeuses électriques font le travail, mais les vieux affirment que le lait est moins bon et que le Roquefort n'est plus ce qu'il était.

Ma mère, Lucie, était une jolie jeune fille. Petite, bien proportionnée, musclée, elle avait le visage fin, la peau douce – jusqu'à sa mort –, un nez aquilin et de petits yeux noirs malicieux. Elle attirait les regards des jeunes gens. C'est ainsi que mon père, en visite chez le curé du village, l'avait remarquée à l'église. Ce fut pour lui le coup de foudre. Il en parla au curé, et celui-ci mit tout en œuvre pour provoquer une rencontre et favoriser l'accord entre les deux familles. La famille de mon père était plutôt du côté de l'empereur, c'étaient des « blancs ». Chez maman, on était républicain et « rouge », mais tout le monde allait à la messe le dimanche et les hommes communiaient à la Noël, à Pâques et le 15 août. Mon père ne déplut pas à ma mère, il était plutôt beau garçon. Le mariage eut lieu le 26 octobre 1912. Ma mère, très jolie mariée, portait une magnifique robe en alpaga blanc cassé. Le corsage était entièrement brodé de perles en verre doré et argenté qui formaient un somptueux quadrillage. Un châle, appelé une Marie-Antoinette, bordé de *tomboules*, sortes de perles de bois recouvertes de fils de soie, cachait le dos. Ajusté, l'ensemble faisait ressortir la poitrine et la taille très mince qu'une bonne guêpière affinait encore.

À la mort de mon père, ma mère et moi avons suivi mon oncle Marius et son troupeau à Fabrègues, dans le vignoble montpelliérain à la garrigue riche de bonnes herbes et d'aromates tant prisés par les brebis. C'est là que nous passions la moitié froide de l'année, d'octobre à Pâques. La saison chaude se passait à Ceilhes, où mes grands-parents maternels avaient une petite exploitation. De là, je faisais de fréquentes visites à mes grands-parents paternels au mas Hugonenq voisin.

Le mas Hugonenq était perché à sept cents mètres d'altitude sur un plateau désertique au pied de la falaise calcaire de la Bastide-des-Fonts. Le hameau comportait quatre fermes. Les bâtiments se groupaient autour de la maison d'habitation ancienne, aux murs épais. Il y régnait une agitation incessante : l'écurie, la bergerie voûtée, appelée *jasse*, la basse-cour, la laiterie, les clapiers, les étables, les greniers, les paillés raisonnaient des voix des grands et des petits. Les hangars abritaient charrettes, charrues, carrioles, chariots et faucheuses. De cet ensemble de coins et de recoins, de ces espaces voûtés montait une odeur particulière, mélange de fumier, de foin, de luzerne. À la ferme, les enfants participaient à toutes les activités. Ils allaient et venaient librement, sauf dans le hangar où l'on rangeait les herses, les faux, les fourches, le tarare. Ils mangeaient à la table des hommes. Que d'histoires drôles ai-je entendues, mais que de soucis occupaient parallèlement les esprits : un blé mal levé, une avoine pauvre, la pluie, la grêle, la gelée, la sécheresse, le vent... Une complainte qui reste d'actualité, mais en ce temps-là, on ne connaissait pas les indemnités. Chacun économisait pour surmonter ces obstacles imprévus, on se prêtait le matériel, on s'entraidait. La guerre de 14-18 était dans toutes les conversations. J'ai vécu avec elle, je connaissais à travers les récits de ces hommes leurs souffrances, les hivers rudes des tranchées, leurs exploits chèrement payés.

C'était une vie dure mais riche de sensations diverses. Comme ces odeurs de chapelets d'ail, d'oignons et de saucissons, celle des belles armoires cirées, fermées à clef et remplies de piles de draps ou des trésors de la famille. Comme la fabrication du pain, avec mamé, les bras nus, un grand tablier sur sa jupe noire, la cagnote brodée auréolant son doux visage, les mains plongées dans la farine qu'elle soulevait, laissait couler entre ses doigts, palpait. Elle émiettait le levain dans cette masse poudreuse, ajoutait l'exacte dose de sel, mélangeait, puis introduisait l'eau, pétrissait, malaxait. Le travail devenait plus dur. Elle tapait avec la paume de la main, tournait, retournait, roulait la pâte de plus en plus homogène et souple. Elle ne soufflait mot. Quand la pâte se détachait de ses mains, mamé la laissait quelques heures, puis la divisait en boules, qui reposaient toute la nuit chacune dans son paillasson. Le lendemain matin, les boules avaient enflé. Le grand four était chauffé depuis l'aube. Les cendres étaient évacuées, mon grand-père enfournait les boules. Les voisins apportaient les leurs. Une heure plus tard, l'odeur du pain chaud embaumait tout le hameau ; immédiatement, dans le four libéré, des tartes aux fruits ou aux légumes, des estouffades venaient prendre place. « Vois-tu, le pain est fabriqué avec tout ce qu'il faut pour vivre : le blé, l'eau, le sel, le feu », me disaient mes grands-parents. Au moment du repas, de son laguiole, grand-père dessinait sur le dos du pain le signe de la croix et prononçait ces mots : « Merci, mon Dieu, pour notre pain quotidien. » Pour moi, au goûter, il se couvrait de miel, de confitures, de fricandeaux.

Au moment où le soleil descend vers l'horizon, nous partions ramasser l'herbe pour les lapins. Je gambadais dans les champs bordés d'énormes tas de cailloux, témoignages d'une main-d'œuvre tenace et de générations de laboureurs qui se sont efforcés de rendre la terre cultivable. Pierre à pierre, ils ont créé ces amoncellements. Nous ramassions de nombreux fossiles pour nos jeux : ammonites, rostres de bélemnites ou autres. Je laisse à mon fils Claude le soin des commentaires scientifiques ; moi, je préfère rêver. La falaise qui dominait le mas était certainement percée de nombreuses grottes. Mon grand-père a trouvé un jour des silex taillés, des pointes de flèches et une magnifique hache polie en obsidienne.

À Fabrègues, la vie était bien différente : dans ce pays de vignes et de garrigues, proche de la grande ville de Montpellier, les grands propriétaires, les « blancs », catholiques et royalistes, étaient assez hautains. Ils traitaient dédaigneusement la main-d'œuvre « étrangère » – lozérienne, ariégeoise, aveyronnaise – qui travaillait à l'entretien des vignes. *Gabach*, « arriéré », tel était le mot dont ils gratifiaient ces travailleurs, et j'enrageais lorsqu'on me pinçait la joue en disant : « Qu'elle est belle, cette petite gabachoune ! » Quant aux travailleurs espagnols et italiens, ils étaient traités d'*espagnolaille*, de *macaronis*. Y a-t-il quelque chose de changé aujourd'hui ?

De nombreux artisans, charrons, forgerons, tonneliers, complétaient cette société laborieuse et hautement qualifiée. Dans ce milieu « rouge », on était républicain et radical, les enfants fréquentaient l'école laïque. Les « blancs » fêtaient Jeanne d'Arc et soutenaient l'école « libre », l'école de Dieu. Mais la vie rurale imposait sa loi : chaque groupe avait besoin de l'autre, et la cohabitation se déroulait sans heurts majeurs.

J'étais perplexe face à la ségrégation entre « rouges » et « blancs ». À la messe, les enfants de l'école laïque étaient d'un côté, ceux de l'école religieuse de l'autre. Après la messe, on faisait des *caïres* (mot peut-être dérivé de l'espagnol *calle,* « rue »), autour du vieux village, en groupes animés, discutant, palabrant : mais pas de mélange, les blancs tournaient dans un sens et les rouges dans l'autre ! Même chose pour les cafés, les bals : chaque clan avait le sien.

Le troupeau de Marius ne pouvait vivre que s'il était autorisé à paître dans les vignes des propriétaires « blancs ». J'allais donc à l'école « libre ». Les élèves de cette école d'hiver possédaient beaucoup de jouets. J'y étais très heureuse, j'y avais mes petites amies, les sœurs étaient très gentilles. Hormis l'absence de chauffage, j'en ai gardé un excellent souvenir. Les chaufferettes que nous apportions ne nous réchauffaient guère, et favorisaient les engelures. Comme je venais d'assez loin, une dame qui habitait à côté de l'école me garnissait ma chaufferette, mais les braises s'éteignaient au bout de quelques heures et nous grelottions tout au long des après-midi glacées. J'enviais le poêle qui ronronnait à l'école laïque.

Le temps des vacances de Noël, je retournais à Ceilhes retrouver mes grands-parents et ma tante. Mais ma mère et mon oncle restaient « en bas » avec le troupeau.

À Pâques, changement de domicile. Le printemps approchait. L'agnelage terminé, mon oncle vendait les agneaux et en offrait aux propriétaires en remerciement de terres prêtées. Il gardait les agnelles qui assuraient le remplacement des brebis de cinq ans vendues à la boucherie. Il allait falloir quitter les pacages arides et chauds de la garrigue pour monter vers les pâturages de la montagne, à la ferme du Furou, mon hameau natal. Le changement de villégiature nécessitait des préparatifs. D'abord, débarrasser les bêtes de leur épaisse toison. En tombant, la laine dégageait une odeur âcre de suif et de fumier. Ma mère, aidée de quelques femmes, ensachait cette laine qui partirait par chemin de fer vers Mazamet, Castres, Millau ou Lodève, où elle serait dégraissée, cardée, peignée, tissée, teintée par des tisserands et des drapiers. La présence des bergers amis donnait lieu à des repas copieux et animés. Là, on ne parlait pas de la guerre de 14, car aucun d'eux ne l'avait faite, exemptés à cause de leur « boiterie ». J'ai toujours été intriguée par ces bergers boiteux, et ma mère m'a expliqué que le métier de berger était le refuge de ces handicapés.

Au lever du jour, les bêtes étaient rassemblées. La veille, nous avions fait partir les jeunes agnelles par le train dans un wagon spécial, accompagnées d'un berger. Mon oncle prenait la tête du troupeau, et un autre berger fermait la marche. Les clarines tintaient, les brebis bêlaient, les bergers criaient « aïa ! aïa ! », la chienne jappait, rabattant les bêtes sur la droite du chemin. Par centaines, les petites pattes martelaient le chemin, s'entremêlant, se croisant, se confondant, soulevant une poussière dense dans un bruit unique. Les troupeaux suivaient les *drailles*, ces chemins dont on dit qu'ils datent de la préhistoire. La traversée des villages devait être évitée, mais si on ne pouvait s'y soustraire, quel accueil ! Tout le village se rassemblait au bord de la route, devant les boutiques, aux fenêtres, les enfants des écoles applaudissaient. Le voyage durait près de huit jours.

Et voici la montagne où tout chantait, bruissait, vert et fleuri. Genêts et aubépines conjugaient leurs fleurs jaunes et blanches, leurs odeurs entêtantes. Dans les buissons, dans les chênes et les châtaigniers, les fauvettes, les pinsons, les chardonnerets, les bergeronnettes gazouillaient en cette saison des amours.

Enfin, voilà le Furou. L'Orb bordé d'une rangée de peupliers est un abreuvoir apaisant. Les prairies sont vertes. En face, les collines du mas Hugonenq sont accueillantes. Nourries de cette herbe verte, les brebis donnaient bien vite un lait crémeux et abondant. La traite commençait aussitôt, les laiteries fonctionnaient déjà, le fromage de Roquefort se perpétuait. Le lait était tiré jusqu'à la fin juillet ; alors, on lâchait l'énorme bélier qui honorerait ces dames. Au retour vers Fabrègues, à la fin du mois de septembre, les brebis étaient grosses, portant la promesse de l'agrandissement du troupeau.

La petite fille nomade s'adaptait à cette vie : j'étais également contente dans ces deux univers. Si les chants différaient d'une école à l'autre, la morale était la même : les commandements de Dieu et la morale laïque reposent sur les mêmes principes de respect d'autrui. L'école publique, c'était l'été avec toutes ses activités et son entrain, tout ce que l'on pouvait faire dans la campagne, tout ce qui nous attendait en plein air. J'aimais chanter les cantiques de l'école libre et je préférais l'image de la sainte Vierge avec ses dorures et son enfant Jésus (c'était l'école Notre-Dame) au buste glacial de Marianne ! À l'école libre, les punitions étaient moins dures : au pire, le coin avec les mains derrière le dos. À l'école publique, il y avait le bonnet d'âne. Je faisais tout pour hériter de ce bonnet qui nous expédiait derrière le tableau, là où dormait le boulier avec lequel nous ne pouvions jamais jouer. J'aimais le manipuler, compter en faisant glisser les boules ; mais la maîtresse s'est vite aperçue de mon manège et je dus y renoncer.

Ces transhumances ont rythmé ma vie jusqu'à l'âge de huit ans. J'ai alors fermé le chapitre de la vie à Fabrègues. J'allais dorénavant vivre à Ceilhes toute l'année et suivre l'école régulièrement. Ce fut mon entrée définitive à l'école laïque. Mon oncle Marius s'était marié, et la présence de ma mère lui était désormais inutile. Je m'installai donc avec elle chez mes grands-parents maternels.

L'octogénaire que je suis et l'enfant que j'étais sont inséparables. La vieillesse nous dote d'un étrange privilège, celui de faire du passé un présent, avec aisance. Je vis deux vies, et le village de mes nuits n'est pas le même que celui de mes jours. Celui de mes jours est le village livré au tourisme. Un barrage l'a transformé, un lac artificiel a inondé la plaine, des constructions modernes se sont éparpillées un peu partout. On côtoie une population d'été que l'on ne connaît pas, les motos pétaradent, les autos envahissent le village et la musique viole nos oreilles.

Le village de mes nuits est celui de la mine, des usines, des petits exploitants agricoles, des artisans. Les bruits des charrettes, des calèches, des clochettes se mêlent à ceux des enclumes, des marteaux, des chansons.

Mais c'est toujours le même ciel bleu, les mêmes collines, les mêmes sommets qui ourlent d'un diagramme mauve les prairies au milieu desquelles serpente l'Orb. Ce sont toujours les mêmes vents, le vent froid du nord, le Tarral, qui souffle avec force et nous soulève presque du sol, et le vent du sud, le Marin, humide et tiède. La confrontation de ces vents déclenche des orages et des pluies diluviennes qui ravinent les chemins. Ce sont toujours les mêmes montagnes qui offrent selon les saisons un spectacle dont mes yeux ne se lassent jamais. Les pentes boisées de chênes, de hêtres, de châtaigniers et de genêts se parent de couleurs merveilleuses selon les saisons. À leurs pieds, au printemps, les prairies étaient jadis un enchantement : les fleurs des pommiers, des poiriers, des pêchers, des cerisiers se confondaient avec celles des prés, grandes marguerites, coquelicots, coucous, et avec les haies d'aubépine. Aujourd'hui, les arbres ont disparu, cédant aux exigences des tracteurs qui ne supportent pas les obstacles. Les fleurs ont été détruites par les engrais chimiques, les haies ont été supprimées... et les inondations sont plus fréquentes.

Au milieu de ce paysage, le village de Ceilhes est construit sur une colline à cinq cents mètres d'altitude. Le village médiéval vit, respire, bouge autour d'un clocher quadrangulaire en pierres taillées dans le grès. Ce clocher ressemble, avec ses ouvertures tournées deux par deux vers les quatre points cardinaux, à une forteresse. De ses vingt mètres de hauteur, il embrasse les toits rouges des maisons protégées par les épaisses murailles des fortifications dont subsistent quelques vestiges, notamment deux portes d'entrée. À l'intérieur des murs, des ruelles bordées de vieilles maisons, des impasses, des porches, des voûtes, de vieux escaliers, quelques fenêtres à meneaux, une maison Renaissance avec son magnifique escalier de pierre, ses balustres, sa belle porte d'entrée. La fontaine, *lo griffoul*, au milieu d'une petite place, servait d'abreuvoir aux bœufs et aux chevaux. Une eau claire y coule en permanence. Ai-je joué autour de ce *griffoul*, aujourd'hui égratigné par des mains inexpérimentées !

Le village vivait à l'heure des usines, de la mine. On y côtoyait Arabes, Polonais, Italiens, Espagnols. Ils étaient tous estimés car le travail unissait tout le monde. Les artisans et les paysans parlaient la langue d'oc, le patois. Cette langue nous était interdite à nous, les écoliers, apprentissage du français oblige. Chez moi, les adultes parlaient patois. Je le comprenais, bien sûr, mais je devais répondre en français, exigence que je déplorerai toujours. La langue d'oc est la langue de mon pays, chaude, savoureuse, descriptive. La langue de ma mère dispensait des parfums d'ail, de lavande, de châtaignes, de genêts. Elle évoquait le causse, le soleil, le vent, elle suggérait, elle amusait. *Espiau* est plus riche que sa simple traduction française, « regarde » ; son sens inclut l'admiration, la curiosité. *Aquelo pichoune es escarbillado*, disait de moi mon grand-père (« cette petite est éveillée ») : dans le mot *escarbillado*, il y a l'esprit, l'amusement, le pétillement, la malice, la coquinerie, l'intelligence. *Es calugo* (« elle est folle ») ne désigne pas la vraie folie mais l'extravagance, l'originalité, la drôlerie. *Couillon* (« tu es drôle ») est une expression sans aucune vulgarité.

Juliette, Hermance, Thérèse, Andréa, Hélène, Josèphe, nous étions un groupe d'amies inséparables qui nous appropriions champs, rues et chemins. Seule la route nous était interdite, parce qu'elle était traversée par des rails sur lesquels circulait un « tacot » traînant des wagonnets chargés de minerai qu'on transportait de la mine vers la gare. Ils s'entrechoquaient en un bruit infernal. Dans les rues de l'intérieur du village, plus sûres, nous organisions d'excitantes parties de cache-cache. Ce jeu ne plaisait guère à ma mère : « Surtout, ne te salis pas. Fais attention où tu mets les pieds. N'allez pas dans le chemin du *merdaou*, ni dans les *encoules*, ni dans la rue de la *cagarole*. » Il est vrai que les rues étaient sales. Il n'y avait pas de service d'entretien, chacun balayait devant sa porte. De temps en temps, les pluies torrentielles assuraient un nettoyage efficace. Les odeurs des porcheries (chaque famille élevait son cochon), des étables, des écuries, des bergeries, des lapinières agressaient nos narines. Bœufs, vaches, chevaux, moutons, chèvres allant aux champs lâchaient dans les rues leurs bouses, crottes et crottins, heureusement récupérés par des pelles diligentes et transportés au jardin comme engrais.

Dans les maisons, pas de cabinets, mais un ou plusieurs seaux hygiéniques en émail, et dans chaque chambre un *pissadou*. Choisi avec soin, en porcelaine ou en faïence, c'était souvent une véritable œuvre d'art, figurant toujours dans les cadeaux de mariage. À l'aube ou tard le soir, les Margaridou, les Martoune, les Lisous, les Marie se dirigeaient rapidement vers la rivière pour vider les seaux en s'arrangeant pour ne pas être vues. Ce déplacement quotidien était humiliant. Ce sont les femmes qui utilisaient ces récipients ; les hommes, eux, allaient dans la nature.

Au pied de notre maison coulait un ruisseau dont les eaux claires se jetaient dans la rivière. Munies de nos balances, d'un peu de viande faisandée, nous longions le ruisseau, plaçant nos pièges. Les écrevisses se laissaient prendre. Nous soulevions nos balances grouillantes avec d'infinies précautions, à cause des pinces tranchantes de nos victimes qui allaient être jetées vivantes dans une marmite d'eau bouillante et consommées le soir même.

Mes amies et moi partions l'été en expédition par les sentiers, le petit déjeuner dans un sac. Nous escaladions le volcan Roc de Mourgis, du haut duquel, à neuf cents mètres, la vue était si large et si belle : les monts de Lacaune, le Caroux, le Larangais ; au sud, une ligne bleue, la mer. Le hameau de Rocozels, construit sur un pic, était une de nos promenades favorites. Granits, porphyres, quartz, cristaux d'orthose nous émerveillaient. Le sous-sol de la région est riche en minerais : antimoine, argent, tungstène, or et surtout galène d'où l'on extrayait de grandes quantités de plomb dans les mines de la Rabasse. Ces mines, déjà exploitées par les Romains, sont aujourd'hui sous les eaux. Leur exploitation avait suscité la création d'usines pour le traitement de l'acide sulfurique, du soufre et de l'arsenic. Enfants, nous croquions à belles dents dans des pommes recouvertes d'une légère couche de poudre arséniée et, quand ma grand-mère manquait de mort-aux-rats, elle m'envoyait à l'usine remplir un petit seau de poudre d'arsenic, me recommandant vigoureusement de ne pas y toucher. Aujourd'hui, un lac artificiel a noyé les mines et une grande partie de mes terrains de jeu d'antan, et ces monticules de poudre blanche ont dû se dissoudre au fil des décennies.

Mon grand-père, Emmanuel, né en 1856, était un homme bon, républicain et pieux. Il ne savait pas lire, mais c'était un champion du calcul mental. Il m'encourageait dans mon travail scolaire. Grand admirateur de Napoléon III, il m'expliquait que sous le second Empire les paysans étaient heureux et prospères. De cette époque, me disait-il, dataient les beaux meubles, armoires, buffets, pendules qui ornaient les fermes de notre pays.

Je l'accompagnais dans les champs. Il aimait la terre et m'apprenait à la découvrir : « Couche-toi, mets ton oreille contre le sol. L'entends-tu qui bruit, qui te parle ? » Parfois, il prenait une poignée de terre et la faisait glisser d'une main à l'autre : « La terre te fera toujours vivre. Il faut la respecter, la soigner, n'y mettre que du bon engrais. Si un jour les paysans se couchaient, elle mourrait. »

Mon grand-père considérait avec méfiance les nouvelles machines agricoles. Une faucheuse mécanique en particulier, achetée sous la pression de ma grand-mère et de ses filles, le désolait, alors qu'elle réjouissait les femmes et me remplissait d'étonnement. Les bœufs tiraient la machine « infernale » ; l'employé de ferme, installé sur le siège, actionnait la faux, et ma mère, devant, conduisait les bœufs à l'aide de l'aiguillon. L'herbe tombait sur le côté, comme par enchantement. Mais mon grand-père tempérait mon enthousiasme : « Tu verras, Lucette, la machine tuera l'homme », me répétait-il. La machine tuera l'homme... Devais-je craindre pour la vie de ma mère et pour celle du domestique ? Je fus bien soulagée de constater à la fin de la coupe que tout le monde avait survécu...

Ma grand-mère, Marie, l'âme de la maison, avait fréquenté l'école des sœurs où elle s'était montrée une élève exemplaire. Les cahiers qu'elle en avait conservés ont toujours fait mon admiration avec leurs pleins et leurs déliés, l'écriture ronde et la cursive. Placée comme chambrière aux Rives à vingt ans, elle y rencontra mon grand-père, berger dans la même famille. Elle m'a raconté des milliers d'histoires, m'a appris, tout enfant, à compter et à trier les objets et les formes. Sa boîte à boutons recelait des trésors : des ronds, des carrés, en nacre, en os, en jais, en métal argenté gravés de lièvres ou de grives – ces derniers allaient orner les vestes des chasseurs. Sous l'œil de ma grand-mère, je triais, je classais, par couleur, par forme. J'additionnais, je divisais. Ces méthodes de pédagogue qui s'ignore m'ont été bien utiles plus tard : j'ai beaucoup utilisé dans mes écoles les boutons multicolores pour les exercices de calcul.

Ma mère a vu sa beauté ravagée par son veuvage précoce et la perte de ma jeune sœur. Mon grand-père l'empêcha d'accepter un de ces emplois réservés aux veuves de guerre : « Tu n'iras pas travailler chez les autres, je peux te nourrir, toi et les petites. » Elle ne travailla pas chez les autres, certes, mais beaucoup chez les siens, aussi bien dans la maison que dans les champs. Je l'ai toujours connue en noir. En fait, à cette période, la France tout entière était vêtue de noir et pleurait ses soldats. Le tissu noir dans lequel on confectionnerait les habits se choisissait avec soin. Le marchand passait dans les maisons, on comparait les nuances : ce noir-ci tirait vers le vert, celui-là vers le rouge. Le plus beau noir avait des reflets bleus. La lessive réclamait une attention particulière et des produits spéciaux : bois de Jalapa ou de Panama, lierre que l'on faisait bouillir pour obtenir une eau noirâtre où faire tremper le linge. Le dernier rinçage devait se faire à l'eau vinaigrée, et le séchage s'effectuer la nuit, lors de la lune nouvelle, la pleine lune jaunissant le linge. Ma grand-mère tempêtait contre ce noir si exigeant.

Notre maison, pas bien grande, abritait cinq personnes : papé, mamé, tata Ernestine, ma mère et moi. Dans la grande cheminée de la cuisine, un feu flambait en permanence qui se reflétait dans le grand buffet ciré, jetant des ombres sur les murs blanchis à la chaux. Une grande table, une lampe à pétrole en porcelaine blanche au-dessus, et, pour mon malheur et mon labeur, des cuivres : bassines, casseroles, bougeoirs, que je devais, chaque jeudi matin, nettoyer, astiquer au moyen de chiffons et de « pâte au sabre ». Heureusement, ces cuivres étaient à partir de Pâques enveloppés dans de la gaze qui les protégeait des mouches et m'épargnait la corvée de frottage. C'était là le centre de la maison, le centre de ma vie de petite fille.

Les chambres étaient le royaume de la nuit, du sommeil certes mais aussi des terreurs, des esprits, de tout un monde invisible et fascinant. Mes grands-parents occupaient une petite chambre, ma mère et sa sœur une grande chambre dans laquelle, à force de crises de larmes, je pus trouver refuge, refusant obstinément de dormir seule dans la chambrette qui m'était réservée. Les esprits hantaient aussi cette grande pièce au carrelage rouge, mais au moins je n'y affrontais pas seule les anges et les diables qui se disputaient mon monde intérieur.

Le petit déjeuner était un repas familial à part entière. Mais avant de me mettre à table, je devais avaler une cuillerée d'huile de foie de morue, remède à tous les maux, qui a empoisonné la vie de générations de petits Français. J'avais droit à un bonbon pour faire passer le goût. Une fois par mois, le jeudi, cette huile était remplacée par une autre, non moins infecte, l'huile de ricin, destinée à lutter contre les petits vers intestinaux.

Mon petit déjeuner, démarrage de la journée, était un régal : un bon chocolat onctueux et crémeux, fortifiant et stimulant, des tartines de pain grillé au bois. Je savourais mon chocolat tandis que les adultes buvaient ce café qui se méritait, tant sa réalisation était toute une affaire. D'abord il fallait le moudre dans un moulin à manivelle, bien calé entre les jambes. L'eau bouillante était allongée du marc de la veille, le tisonnier rougi à la braise faisait précipiter ce marc, et enfin le liquide passait dans la « chaussette » pleine de café frais moulu. Un bouchon de liège emprisonnait dans la cafetière l'arôme de ce breuvage d'accueil qui restait au coin du feu, prêt à être offert à tout visiteur. Car les visites étaient nombreuses, les occasions multiples tout au long de ces journées qui voyaient se succéder l'accomplissement des tâches domestiques et la vente du lait.

Les repas de fête, en particulier celui de la foire de la Sainte-Catherine, étaient des événements. Nappe damassée et brodée, porcelaine et cristal, couverts en étain, on sortait le grand jeu pour une assemblée d'amis et de cousins. La compagnie était animée, chaque homme y allait de son anecdote osée ou de son récit de braconnage. Mais bien souvent la conversation tournait autour des souvenirs de la guerre. Les femmes restaient en bout de table, mais en leur compagnie je ne perdais rien du spectacle. Sur la table, les plats se succédaient : charcuteries, blanquette de veau, lièvre toujours (le « président »), fricandeaux, puis fromage de roquefort, œufs à la neige et fougasse. Mes enfants se souviennent en riant de la façon dont ma mère a reçu toute sa vie les compliments sur sa savoureuse cuisine : « C'était meilleur la dernière fois ! »

Quelle animation les jours de foire ! L'école était fermée, la place du village et les rues adjacentes envahies par les porcs et les moutons, le champ de foire était le domaine des bœufs et des vaches. Les paysans dans leurs grandes blouses traitaient leurs affaires, le bétail changeait de mains. Des marchands de vaisselle, de vêtements ou d'outillage se tenaient devant l'église. Leurs étals attiraient la population féminine et enfantine. Je dépensais en bonbons les quelques pièces que venaient de me donner les invités au repas et qui avaient échappé au prélèvement de ma mère, qui ne manquait pas de récupérer une bonne partie de ces quelques sous.

Les longues soirées d'hiver s'écoulaient au coin du feu. Les voisins hôtes des veillées se rendaient utiles en épluchant les châtaignes tandis que maman et tata crochetaient ou brodaient. Les anecdotes et les ragots allaient bon train, c'est à la veillée que l'on apprenait les histoires du village. Les histoires du temps passé et les contes étaient la spécialité de mon grand-père, qui nous tenait en haleine avec les attaques de diligence et les légendes régionales. Mon voisin Charlou nous fit un soir rire à gorge déployée en nous faisant le récit de sa nuit de noces avec Rosalie. La fête avait été bien belle, les familles satisfaites de l'union et le jeune marié se réjouissait en pensant aux délices qu'il allait bientôt connaître avec Rosalie. « Pendant le trajet, je lui tripotais les genoux, je la *poutougénais* [1]... À l'hôtel, je la serre dans mes bras, je transpire. Je lui demande de se déshabiller. Je l'aide à dégraffer son corsage, sa jupe, son jupon, mais elle m'arrête et m'ordonne de me retourner. J'obéis, puis, quelques instants plus tard, je me retourne : elle avait enfilé une chemise de nuit brodée qui lui descendait jusqu'aux pieds. J'étais en tenue d'Adam et je m'approche pour l'aider à enlever sa chemise. Alors, elle se met à crier *es pecat, es pecat !* ("c'est péché !"). Rien à faire. Au bout de deux jours, j'ai décidé de rentrer. Ma mère s'est

1. *Poutougéner :* embrasser.

tout de suite aperçue de ma contrariété. Je lui racontai “es pecat” et elle fila chez le curé. Que raconta-t-elle ? Que dit le curé à Rosalie, convoquée aussitôt ? Je l’ignore mais, depuis, j’ai dans mon lit la meilleure des femmes. »

Et les histoires de revenants ! « Il ne fait pas bon, à minuit, aller se promener vers le cimetière, surtout par temps de pleine lune. C’est le moment choisi par les morts pour venir faire la sarabande sur terre, enveloppés dans leurs grands linceuls blancs, entrechoquant leurs os en un bruit de castagnettes. Ils sont entourés de feux follets bleuâtres. Parfois, ils se manifestent même dans certaines maisons. » Il y a des familles maudites, comme celle de mon amie Marie-Rose. « Casseroles et meubles remuent, rien n’est épargné. » La maison de Marie-Rose était bâtie au pied d’un ruisseau et, à certaines époques, il devait s’y produire des phénomènes hydrauliques !

Je fus un soir, bien malgré moi, l’héroïne d’une de ces veillées. J’avais treize ans. J’étais absorbée dans la lecture de *La dame aux camélias*, empruntée à la bibliothèque, et je ne suivais pas la discussion. Intriguée, une voisine s’enquit de mes lectures. Le lendemain, ma mère reçut sa visite : « C’est un livre affreux, l’histoire d’une femme de mauvaise vie qui vend sa beauté aux hommes riches. » Dès mon retour de l’école, ma mère me réclama le livre. « Je l’ai rendu », lui répondis-je. Je l’avais en fait soigneusement caché pour en faire profiter toutes mes amies. Peu après, dans une église pleine de paroissiens, lors de la messe du dimanche, nous eûmes droit à un sermon du curé sur « les mauvaises lectures qui engendrent la concupiscence, comme *La dame aux camélias* ». Bien entendu, tout le monde était au courant dans le village, les rires ont fusé, et je suis devenue rouge écarlate. Mais ce sermon eut un effet imprévu : jeunes, vieux, hommes, femmes, tout le monde a voulu lire le livre sulfureux et il ne s'est jamais tant vendu de *Dame aux camélias* dans la région qu'après cet incident. Et pour nous, les jeunes, que de recherches sur le mot « concupiscence » !

La véritable hospitalité paysanne n'était pas un vain mot. Souvent pendant mon enfance les récits de la veillée furent interrompus par des coups frappés à la porte. L'invité surprise, pour qui l'on gardait toujours « la part du pauvre », se réchauffait et se rassasiait, nous racontant ses malheurs. Après une nuit de sommeil dans le foin de l'écurie, il repartait vers d'autres lieux d'asile. « Ne repousse jamais un homme qui te tend la main », me disait toujours ma mère. Comme je m'étonnais de la pancarte à l'entrée du village, « La mendicité est interdite dans le département de l'Hérault », elle me dit avec cœur : « Elle a été faite par des hommes qui n'ont jamais eu ni faim ni froid. »

Le samedi soir, la toilette remplaçait la veillée communautaire. J'étais lavée par ma mère. Parfumée par la savonnette à la violette, je me séchais et me réchauffais au coin du feu. Après moi, c'était le tour de ma mère et de ma tante ; le lendemain matin, celui des grands-parents. Tout le monde ainsi était impeccable pour la grand-messe.

Tous les soirs, par tous les temps, ma tante Ernestine, une cruche et une louche graduée à la main, livrait le lait chez les clients. En été, c'était une agréable promenade, en hiver une corvée redoutée. Il fallait prendre une *careille* (lanterne) car aucun éclairage public ne perçait l'obscurité, et se garder des vieux cochons, ces exhibitionnistes qui guettaient les demoiselles dans le noir en leur débitant des horreurs. Ernestine, qui passait tous les jours à la même heure, était une proie de choix. Alors, pour défendre sa vertu, elle se retranchait derrière ma présence : flanquée d'une gamine, la jeune fille n'était plus agressée.

Les bourrasques de l'automne et leurs tourbillons de feuilles rouge et or, les sentiers détrempés, faisaient prendre le chemin de la maison même aux plus aventureux. C'était la saison des noix, des pommes, des raisins, mais surtout des champignons, dont la cueillette était toute une expédition. Il fallait d'abord que la lune soit bonne, pour favoriser la sortie des champignons. Dès l'aube, on se glissait en catimini en dehors des maisons. Chacun avait ses bons coins et en gardait jalousement le secret. On se faufilait, on faisait des détours pour tromper les curieux. Et le soir, la récolte s'exposait, mise à sécher sur des claies : cèpes, girolles, oreillettes, oronges, champignons des prés.

La chasse au sanglier était un événement dont les femmes étaient tenues à l'écart. Réunions, mises au point affairées se succédaient. Il fallait tout régler pour se débarrasser de ce gibier destructeur de récoltes et qui faisait le désespoir des paysans. La battue était lancée. Chacun avançait lentement et en silence jusqu'à son poste, où commençait une longue attente, à laquelle mettraient fin les jappements et les aboiements des chiens arrivant à la poursuite des sangliers. Les coups de feu éclataient, et les chasseurs se partageaient un copieux butin. Le banquet clôturait la saison, auquel seuls les hommes avaient le droit de prendre part.

On anticipait sur le plaisir de Noël avec des semaines de préparatifs, les chants appris tous les jours à l'église et la minutieuse confection de la crèche, en compagnie de tata. Nous ramassions de la mousse et de petits cailloux. Avec du carton, nous fabriquions des maisons que nous enrichissions d'une infinité de détails. La bergerie était en bois, de la paille recouvrait son sol. Sur des montagnes de papier froissé, nous collions du gros sel en guise de neige. Des santons, patiemment malaxés dans de la mie de pain et soigneusement peints, descendaient de la montagne pour adorer l'Enfant Jésus couché dans la paille entre le bœuf et l'âne. Les voisins venaient nombreux admirer notre œuvre.

En Languedoc, ni sapin de Noël ni Père Noël. La fête était pieuse et familiale. Pendant la veillée qui précédait la messe de minuit, nous jouions aux cartes. Vers onze heures, les innombrables petites lumières des *careilles* serpentaient en tremblotant dans la campagne, accompagnant le cheminement des fidèles. L'église étincelait de tous ses lustres, les voûtes raisonnaient de la musique de l'harmonium, le curé dans sa plus belle chasuble célébrait la messe, et les chants retentissaient. À minuit, heure tant attendue de la naissance de Jésus, un homme chantait *Minuit, chrétiens*. Chaque année, deux hommes se disputaient cet honneur, deux belles voix rivales.

La messe finie, chacun regagnait son foyer pour une petite collation. Mes souliers recelaient des trésors : une orange, un bonhomme en pain d'épice, un paquet de bonbons fondants, une boîte de dattes et un sabot en chocolat avaient été déposés pendant notre absence. Le petit Jésus avait été généreux.

La grande fête familiale était pour le lendemain. Le repas se terminait par les fameux treize desserts de Noël (fruits confits, dattes, noisettes, raisins secs...) qui symbolisaient Jésus et ses douze apôtres.

Après, ce seront les fêtes du jour de l'An. Pour cette occasion, nous préparions avec la maîtresse des compliments, en vers, que nous récitions à nos familles. À maman, d'abord, puis à mes grands-parents :

À toi, maman, qui me gâtes sans cesse
Depuis le jour où je suis née,
Je veux te prouver ma tendresse
En te souhaitant une bonne année.
À vous, mes grands-parents,
Qui me chérissez tant,
Mes bras autour du cou,
Je vous dis « merci beaucoup ».

La famille applaudissait et ne se lassait pas de réentendre mon poème.

Au Nouvel An, une de mes occupations préférées était la rédaction des cartes de vœux. Chez Maria l'épicière, j'en choisissais de magnifiques que je rédigeais de mon écriture la plus soigneuse. Ces cartes faisaient mon admiration : dessins, peintures, mousselines, soies et dentelles, broderies dessinaient des compositions douces et raffinées. J'en recevais toujours de très belles. La journée des vœux se passait en congratulations et en souhaits, je récitais un compliment à ma mère et à mes grands-parents, nous recevions des visites, les liqueurs de mamé soutenaient l'allégresse générale de la nouvelle année.

Peu après venait le temps de l'Épiphanie et de ses fouaces.

L'arrivée de la neige était un grand moment d'exaltation. Par la magie de la poudre blanche, les bruits et les formes étaient adoucis, masqués. Emmitouflée dans la laine de pays des pieds à la tête et en compagnie de mes chères amies, je partais pour l'école. Le chemin était mouvementé, les boules de neige des garçons nous surprenaient, nous ripostions, que de joyeuses bagarres ! Nous nous retrouvions tous à la sortie des classes pour confectionner ensemble un énorme bonhomme de neige, vrai chef-d'œuvre collectif. Il m'est arrivé de prendre froid lors de ces journées endiablées. Je restais alors à la maison, au chaud et choyée par une mère anxieuse et aimante, participant aux travaux de la maison, m'initiant à la cuisine, à l'estouffade par exemple, spécialité de ma mère, ou à *lou tripat*, dont la recette se transmettait de mère en fille. Les soirs d'hiver, une bonne tisane réchauffait les femmes, et un vin chaud à la cannelle faisait s'assoupir mon grand-père.

Les dimanches d'hiver, entre l'Épiphanie et Mardi gras, la jeunesse masculine descendait dans les rues, masquée et déguisée des atours qu'elle avait dénichés dans les greniers, et allait dans les maisons débusquer les jeunes filles. Les mascarades s'arrêtaient le jour de la Saint-Blaise, saint vénéré, protecteur du village, célébré par un grand feu de genévriers sur une place du village. La fumée qui s'élevait pénétrait dans les maisons et les protégeait des épidémies. On dansait autour du feu : c'était la fin de l'amusement, l'entrée dans le carême.

Au creux de l'hiver, au début du mois de février, venait le moment de « faire le cochon ». C'était l'occasion de se prêter main-forte entre voisins. Le boucher arrivait avec son long couteau. La bête, maintenue, se débattait et hurlait ; frappée d'horreur et de chagrin, je m'enfuyais. Le cochon saigné et étrillé était découpé : dans le cochon, rien ne se perd. La table de la cuisine, recouverte d'un drap blanc, accueillait les morceaux sanguinolents. Ma mère préparait son fameux boudin parfumé et assaisonné, le fromage de tête mijotait lentement, la saucisse était entortillée autour d'un bâton et pendue au plafond à côté des saucissons. Les jambons passaient d'abord deux semaines dans du sel avant de rejoindre le plafond. Le séchage dans l'atmosphère odorante de la cuisine parfumait cette charcuterie de saveurs fumées aujourd'hui disparues. Le curé et l'institutrice, jamais oubliés, recevaient leur morceau en reconnaissance de leur dévouement.

Les jours rallongeaient, l'herbe poussait, les troupeaux prenaient le chemin des pâturages, les maréchaux-ferrants préparaient bœufs et chevaux aux chemins de montagne, c'était Pâques. Les grands nettoyages de la Semaine sainte mobilisaient toute la main-d'œuvre féminine. Les murs étaient blanchis à la chaux, les literies sorties au soleil, les meubles cirés, le moindre recoin nettoyé, les vitres lavées. Le Jeudi saint, tout était impeccable. Nous pouvions passer de longues heures à l'église. C'était le jour que je détestais le plus. Le Vendredi saint étaient préparées les pâtisseries pascales : oreillettes, flônes au rhum et à la fleur d'oranger que ma grand-mère confectionnait avec amour en compagnie de ma mère et de ma tante.

Tout au long de l'année, certains jours étaient consacrés à la lessive. Les femmes du village poussaient leur brouette chargée d'une corbeille de linge qu'elles avaient savonné chez elles et se retrouvaient au lavoir pour l'opération rinçage. Agenouillées, elles battaient, secouaient, rinçaient leur linge avec entrain tout en évoquant les histoires du voisinage. Rien ne leur échappait, tout finissait par se savoir : les rendez-vous des amoureux, les affaires de famille, les petits secrets, tout cela valsait au rythme du battoir et de l'eau courante. Le linge était ensuite étendu à l'air et s'imprégnait des odeurs de la campagne.

En arrivant à l'école, à cinq ans, j'avais déjà de bonnes notions de lecture. Ma curiosité jamais en sommeil m'avait fait poser des questions sur tout : Qu'y a-t-il d'écrit sur les pots dans la cuisine ? Café, farine, sel. Et sur les pots de verre des conserves ? Poires, prunes, abricots, cassis, marrons, haricots verts, haricots coco, fricandeau, lièvre. Et sur les sacs de plantes ? Armoise, menthe, mauve... J'apprenais ainsi les mots, je les reconnaissais, je les assemblais. Ma grand-mère et ma mère répondaient patiemment à mes questions. Mais quelle déception quand je pus ouvrir enfin mon premier livre de lecture : *la pipe de papa, papa va à âne*. Je n'avais ni papa ni âne.

À l'école primaire, dans la petite classe, une de nos maîtresses avait fabriqué toute une joaillerie de bijoux fantaisie en escargots. Le collier était un chef-d'œuvre avec ses grosses, ses petites, ses moyennes coquilles, dans des dégradés de couleurs allant du marron au blanc. J'ai un jour essayé de percer des coquilles d'escargot, mais je n'y suis jamais parvenue : la maîtresse avait dû y passer un sacré temps. Pour la couronne, les escargots étaient collés, non percés ; il y avait aussi le bracelet. L'escargot étant le symbole de la paresse, cet attirail était destiné à punir et à couvrir de honte les mauvaises élèves. Celles qui apportaient des escargots pour approvisionner cet artisanat recevaient un bon point en échange de cinq coquilles.

Une de mes très bonnes amies, Andréa, ne savait jamais ses leçons ni ses récitations. Dès le matin elle subissait la punition, qui commençait par le bracelet. Le soir venu, Andréa était affublée de tout l'attirail que la maîtresse l'obligeait à arborer partout, même dans le couloir, pour que les grandes la voient. Nous aimions beaucoup notre Andréa, c'est elle qui animait nos jeux. Quand nous jouions à l'épicière, elle fabriquait des balances avec des boîtes de cirage et il nous fallait calculer, prendre des cailloux pour faire office de poids. Elle nous avait appris la vannerie : nous allions chercher des joncs et nous tressions des paniers pour les bonbons que nous avions achetés chez « l'épicière ». J'avais une poupée, un privilège pour une petite paysanne, mais je n'avais le droit d'y jouer que le dimanche. Alors Andréa nous a fabriqué des poupées dans de vieux bas bourrés de sciure. Elle savait coudre, broder, elle savait tout faire. Un jour que nous avions décidé de fabriquer de petits bateaux en papier plié et de les faire flotter au bord de la rivière, voyant qu'ils s'abîmaient, Andréa a eu l'idée d'aller chez Arthur chercher des feuilles de bambou. Elle retourna les feuilles, nous y ajoutâmes de petits bouts de bois, et vogue la flottille sur la rivière ! Nous devions tout le plaisir de nos loisirs à notre amie et nous la voyions punie avec ces maudits escargots parce qu'elle ne savait pas sa leçon et ne lisait pas convenablement ! Nous trouvions sa punition cruelle et révoltante.

Alors nous avons formé un club des petites filles de mon quartier. L'aînée suggéra d'écraser tous les escargots sur les chemins. À chaque pluie, nous partions dans la campagne à la recherche des escargots que nous décimions soigneusement, de sorte qu'il reste le moins de coquilles possible à rapporter à la maîtresse, qui se retrouvait ainsi à court de matière première. Et puis nous avons monnayé les bons points. J'en obtenais toujours beaucoup et disais à ma mère que je les avais perdus. En vérité, ils nous servaient de monnaie d'échange pour les escargots : les filles qui se prêtaient au jeu de la maîtresse et qui ramassaient les bestioles acceptaient de nous les vendre contre des bons points, et nous les faisions ainsi disparaître de la circulation.

Ces escargots ont décidé de ma vie : « Quand je serai grande, me suis-je promis, je serai maîtresse, et il n'y aura pas d'escargots. » J'avais huit ans.

Dans toutes les écoles de mon enfance, chaque enfant avait son bureau à pupitre. Le plan incliné nous obligeait à nous tenir droits et à ne pas nous affaler. Quand on soulevait le pupitre, on découvrait les cahiers et les livres, bien rangés. Nous y disposions le contenu de nos cartables. Pour Noël, j'y installais une crèche minuscule faite de mie de pain, de feuilles de maïs et d'argile ; à la saison, j'y laissais mûrir des kakis, fruits qui comme les nèfles doivent se manger très mûrs. Chaque samedi, nous nettoyions, cirions, lustrions nos bureaux. Je regrette la disparition de ces pupitres, et mon plus jeune fils, kinésithérapeute, déplore que les enfants aient à porter de si lourds cartables : avec le système des pupitres, beaucoup de choses pouvaient rester à l'école.

Chaque matin, nous avions une leçon de morale. Nous récitions un article de la Déclaration des droits de l'homme, puis nous apprenions la liste des départements et les tables de multiplication.

J'étais une bonne élève mais très bavarde, ce qui me valut de nombreuses punitions : des lignes qui n'en finissaient pas... et qui ne m'ont jamais empêchée de bavarder.

Dans l'esprit de certaines de mes camarades, j'étais une des « chouchoutées » à cause de mes bonnes notes. Cela m'a longtemps révoltée et a nourri mon aversion pour les notes et les classements. J'avais les notes que je méritais, leur disais-je. Deux camarades m'ont raconté comment elles s'étaient vengées d'une maîtresse, pourtant très gentille, qui leur avait donné de mauvaises notes. Alors qu'elles gardaient son fils, elles l'avaient sorti de son landau. « Tu ne sais pas ce qu'on a fait, nous avons sorti le Robert, on l'a mis sur le bureau, mais il ne tenait pas debout et il est tombé, eh bien, on était contentes. » Ces chipies auraient voulu qu'il se blesse pour se venger de sa mère.

Après l'école, nous nous rendions à la garderie chez la religieuse Mlle Bié. Peu enthousiastes d'avoir à prolonger le travail scolaire, Thérèse, Juliette, Hermance, Hélène, Josèphe et moi préférions vagabonder au bord de la rivière, et parvenions à convaincre Mlle Bié que nous ne nous sentions pas bien et ne pouvions rester à la garderie. Mais pour que notre bonheur fût complet, nous voulions agrémenter cette école buissonnière de friandises. Nos tirelires étaient hors d'atteinte, les rares piécettes gagnées lorsque nous faisions les courses pour les voisines étaient pitoyables, il fallait se procurer, même par des moyens que la morale réprouve, des ressources supplémentaires. De la vente du lait de mes grands-parents, il restait de la petite monnaie dans des boîtes. J'y prélevais sans encombre quelques pièces. Mais les remords et les habitants nocturnes de ma vie intérieure troublèrent mon sommeil. Consultées, mes amies trouvèrent la parade : lors de ma confession hebdomadaire, je demanderais pardon pour tous mes péchés par omission. Affaire entendue, conscience apaisée, nous pûmes profiter pleinement de notre loisir « volé » à l'étude. Mais ces délices furent de courte durée : Mlle Bié nous voyant si assidûment malades s'inquiéta de notre santé et le pot aux roses fut découvert. La punition nous a ôté l'envie de recommencer. Mon amie Hermance m'a dit bien longtemps après : « Toi, on t'a privée de dessert, mais moi, ma mère m'a frappée avec son balai de genêts, j'en ai encore mal aux fesses ! »

La première communion était un grand événement, préparé avec ferveur de longue date. Notre curé était partisan des communions précoces. Je fis donc ma première communion à dix ans, sous la houlette du saint homme.

La tenue était angélique : une longue robe blanche, une large ceinture, une couronne de roses en satin blanc et un voile couvrant le visage. Les préparatifs mettaient la maisonnée en émoi. Le grand jour, toute la famille était là : oncles, tantes, cousins. Le curé m'avait chargée de la quête, responsabilité dont je m'acquittai avec conscience mais angoisse, ma couronne ayant une fâcheuse tendance à me fausser compagnie. Nous étions placées par paires, j'étais en compagnie d'Yvonne, une « garçonne » que je n'aimais pas du tout. Pendant que Gabrielle, une des meilleures élèves, récitait un compliment de remerciement au curé, je voyais Yvonne loucher sur la « dizaine », bracelet pieux composé de dix boules de cristal, que je venais de recevoir en cadeau. D'un geste vif, elle me l'arracha. Je n'allais pas me laisser faire ainsi : je lui arrachai son chapelet et le cassai. Mon amie Agnès nous a heureusement séparées, sinon cette sainte cérémonie se serait terminée par une bagarre. Un copieux repas de communion réunit tous les membres de la famille qui avaient fait du chemin pour être avec moi ce jour-là.

Je travaillais bien à l'école, et ma mère m'a appuyée pendant toute mon enfance. Elle ne voulait surtout pas que je sois une paysanne comme elle, c'était une vie trop dure. Ainsi, je trouvais soutien et encouragement à la maison quand je parlais d'embrasser la carrière d'enseignante. De toute façon, il n'y avait que trois métiers auxquels, en tant que fille, je pouvais prétendre si je ne voulais pas rester à la ferme : postière, institutrice ou infirmière. Je voulais être maîtresse.

À onze ans, plutôt bonne élève mais en délicatesse avec les accords du participe passé, je préparai le certificat d'études. L'examen se passait à Lunas, chef-lieu du canton. Nos mères, chargées du panier d'osier du déjeuner, nous accompagnèrent. Dans la calèche de Ratier, tirée par six chevaux, nous sommes allées prendre le train. Sous la canicule de juillet, l'inspecteur nous lut une dictée qui parlait d'un glacial Noël russe, puis ce furent le calcul, les sciences, l'histoire. À la fin des épreuves, Nini la surdouée fondit en larmes : elle avait oublié un détail dans le devoir de sciences. C'en était fait de la place de première du canton, et surtout de son prix tant convoité, un vélo ! Je la consolai, bien qu'il n'y eût guère lieu de pleurer : le vélo revenait toujours à un élève du village du Bousquet-d'Orb, généreux donateur du prix.

Les paniers du déjeuner vidés, nous repartîmes pour les épreuves orales : chanter *La Marseillaise* sans fausses notes, accomplir quelques mouvements de gymnastique. Sur cinquante et un candidats, cinquante furent reçus. Le malheureux recalé, Léonce, sanglotait dans les bras de sa maman. Par la suite, je l'aperçus une fois ou deux au travail sur la route de Lodève. J'ai su beaucoup plus tard, le jour de son enterrement, que Léonce ne s'était pas découragé : il avait passé le certificat l'année suivante, car point de cantonnier sans certificat d'études.

L'année suivant mon certificat d'études, je passai le concours des bourses, qui ouvrait les portes de l'école primaire supérieure ou du lycée. Les épreuves se déroulaient à Montpellier. Je fus reçue le 20 mai 1926. Mon oncle Marius voulait payer mes études au lycée. Nous étions très proches, ma petite sœur était morte chez lui, nous avions vécu des années à Fabrègues avec lui, il s'était toujours senti responsable de moi et voulait assurer mon avenir. Mais, dix jours après mon succès, il mourut, laissant une veuve et trois enfants. Plus question de lycée, trop cher et comptant surtout dans ses rangs des enfants de bourgeois ou d'artisans aisés. J'irais donc à Pézenas, à l'école primaire supérieure, plus compatible avec le montant de ma bourse.

Pour aider ma mère et la soulager un peu du sacrifice qu'elle faisait, j'allais vendanger. Levés à cinq heures, nous partions en chantant couper les raisins. Les histoires fusaient de toutes parts. Les repas marquaient une pause bienvenue : assis à l'ombre d'un figuier, nous savourions sardines et saucisson. Et le soir, les fêtes, la danse, les chants ! J'avais treize ans, mais je n'aurais pas manqué les vendanges pour un empire. Je crois que ce qui me faisait le plus plaisir, c'étaient les deux litres de vin quotidien qui soutenaient l'effort des travailleurs. Je les offrais triomphante à mon grand-père. La date de la rentrée des classes prive aujourd'hui la vigne de tous ses jeunes vendangeurs.

À la fin de cet été-là, tout se brisa : maman allait se remarier avec Baptiste, un homme qui avait travaillé tout l'été à la ferme. J'étais restée sourde aux quelques allusions de mes amies, au courant avant moi. S'il existait une personne qui fût « à moi », c'était bien ma mère, et je n'imaginais pas qu'on puisse me la prendre. À ma peine s'ajouta la honte : la veuve d'un héros ne doit pas se remarier. Mes grands-parents essayèrent de me raisonner, mon grand-père paternel fut appelé à la rescousse. Mon entrée à l'école primaire supérieure, beaucoup moins chère que le lycée certes mais exigeant quand même des frais importants pour notre petit budget, a peut-être été la cause de ce mariage. Il fallait fournir un trousseau, la literie. Je pense que ma mère a eu peur de ne pouvoir assurer tous ces frais. J'avais ma pension d'orpheline de guerre, elle avait sa pension de veuve de guerre, chez mes grands-parents on travaillait et on était nourries, mais cela ne suffisait pas pour assurer mon avenir.

Au premier abord, il faut bien reconnaître que j'avais bien aimé Baptiste. Inspecteur des fromages de Roquefort en Corse pendant une moitié de l'année, il se plaçait pendant l'été et était très recherché par les paysans parce que c'était un travailleur acharné. Ainsi s'était-il loué chez mon grand-père pour l'aider aux travaux de la ferme.

J'étais sur le point de fléchir et d'accepter le remariage de ma mère quand tout bascula avec le *charivari*, cette maudite tradition qui m'a fait verser tant de larmes. Un soir, mon attention fut attirée par un vacarme épouvantable dans la rue : casseroles, clairons, trompettes sonnaient, accompagnés de cris et de rires. La joyeuse bande s'installa sous nos fenêtres : la jeunesse du village faisait du chahut et de la musique pour le remariage d'une veuve. Sans intention méchante certes, mais c'était quand même la honte, l'opprobre du village pointé sur nous. Enfouie sous mes draps, sourde aux consolations de ma mère, je sanglotais. Ma mère, malheureuse, voulait renoncer au mariage.

Les jeunes s'éloignèrent et allèrent terminer la soirée joyeusement ailleurs, grâce à une enveloppe remise par mon grand-père, mais mon désespoir atteignit son paroxysme quand j'entendis mon grand-père s'exclamer : « Et ce couillon de Baptiste est avec les jeunes ! » Baptiste était à boire et à faire la fête avec ceux qui se moquaient de ma mère. Il avait deux ans de moins que ma mère, et en plus il riait avec les autres ! Le lendemain, j'ai même voulu me tuer, me jeter dans la rivière. Mais la petite chapelle Notre-Dame dans laquelle j'entrai avant d'arriver au bord de l'eau me fit reprendre mes esprits : je ne voulais pas rôtir en enfer !

Ce charivari, coutume cruelle interdite pourtant dès 1320, montrait du doigt les veuves ou les filles mères. Une veuve de guerre qui se remariait non seulement trahissait son mari, mais privait des joies du mariage une armée de vieilles filles que la guerre meurtrière avait laissées sans « partis ». De là ont daté ma fureur et mes conflits durables avec Baptiste.

Mon départ pour l'école primaire supérieure arrivait à point nommé. Je ne voulais pas voir Baptiste. Le remariage de ma mère a perturbé ma première année d'études. Je ne cessais d'y penser dans ma solitude. De surcroît, Baptiste avait volé l'identité de ma mère, qui s'appelait maintenant de son nom et ne portait plus le mien. Comme j'ai souffert en recevant les lettres de « Mme Gibelin » !

Cet homme dont l'irruption dans ma vie avait été si dramatique et humiliante, cet homme qui m'avait pris ma mère et lui avait changé son nom, cet homme à qui je n'ai pas adressé la parole pendant plus d'un an, était une bien brave personne. Bon, droit et courageux, c'était un Auvergnat, né dans un petit coin perdu de Lozère. Fils et petit-fils de maçon, il était très peu allé à l'école. Petit, le teint très bronzé, le regard noir, il avait le type italien, il en avait aussi le nom, Gibelin. Très tôt orphelin de mère, le remariage de son père avec une affreuse femme avait apporté le malheur aux quatre enfants. Les deux petits furent des enfants martyrs, battus, obligés de voler la nourriture des cochons des voisins. Les deux aînés, Baptiste et sa sœur, eurent la « chance » d'être loués dès l'âge de sept ans chez des paysans, dont ils gardaient les vaches. Quand Baptiste eut onze ans, une de ses tantes a obligé son père à le lui confier pour qu'il aille à l'école. Ces années heureuses n'ont pas duré, car deux ans plus tard son père le reprit pour le remettre au travail. Baptiste souffrait du même traitement que ses petits frère et sœur. Loués eux aussi dès que possible, ils n'ont été libérés de leur sort que par la mort de la marâtre. Baptiste ne parlait jamais de son enfance ; ce que j'ai pu en recueillir vient du récit d'une femme de service qui était leur voisine aux Andes et que j'ai rencontrée en 1955 en visitant une école.

Lorsque la guerre éclata, il avait dix-huit ans et s'engagea. Sa conduite exemplaire, toujours volontaire pour les coups de main les plus dangereux, lui valut de nombreuses décorations, dont la Légion d'honneur. Après la guerre, il rentra aux laiteries de Roquefort et, en 1920, il fut nommé inspecteur des laiteries en Corse, où l'on fabriquait un fromage qui était transporté ensuite dans les caves de Roquefort. Il a gardé de ses années corses une grande prudence. On lui avait dit de ne pas tourner autour des filles au risque d'avoir de sérieux problèmes. Un de ses camarades, qui n'avait pas suivi le conseil, a dû être évacué en catastrophe, caché dans un cercueil.

Ma mère ne voulant pas vivre en Corse, Baptiste s'est fait embaucher à la mine de Ceilhes après leur mariage. Par tous les temps, le jour comme la nuit, les ouvriers perchés sur leurs vélos, munis d'une musette bien remplie et d'une lampe de mineur, rejoignaient la mine. Beaucoup sont restés au fond de ces couloirs, sous des éboulements.

Mon rejet a été très douloureux pour lui. Lors de mes séjours à Ceilhes, je logeais chez mes grands-parents, et le reste de l'année j'étais pensionnaire à Pézenas. Je l'ignorais souverainement. Pour m'apprivoiser, il m'offrit un cadeau royal, une superbe bicyclette Peugeot, noire avec des filets rouges. Mes oncles et tantes, mes grands-parents déployèrent des trésors de persuasion pour me faire céder. Rien n'entamait ma détermination. Pendant un an, je ne touchai pas à la bicyclette.

Mon grand-père paternel eut peu à peu raison de mon entêtement. Il estimait Baptiste et fit beaucoup pour me rapprocher de lui. Tout est rentré dans l'ordre quand je me suis mariée. J'ai par la suite aimé, admiré cet homme, et j'ai conçu un grand remords de l'avoir fait tant souffrir, ainsi que ma mère, par mon hostilité.

En 1930, la mine et les usines qui l'entouraient ont fermé. Les ouvriers se sont dispersés, certains ont gagné la Mauritanie ou le Maroc, où la société exploitante des mines de Ceilhes possédait d'autres sites. Baptiste est parti pour Paris. Il a trouvé du travail dans le bâtiment et ma mère a pris une petite épicerie près du marché d'Aligre. C'est ainsi que je ne fus pas seule au début de ma carrière d'institutrice suppléante en 1931 à Paris. Baptiste a suivi de très près, et moi avec lui, les manifestations et les émeutes de 1934 qui opposèrent les fascistes aux travailleurs. Les lois sociales du Front populaire ont apporté la joie chez les ouvriers avec la semaine de quarante-huit heures et quinze jours de vacances par an.

En 1938, Baptiste et ma mère ont quitté Paris. De retour au pays, Baptiste a été un moment cantonnier, puis a repris le travail des champs. Après la guerre, une retraite bien méritée lui a enfin permis de se reposer. Mes enfants, qu'il considérait comme ses petits-enfants, très proches, très écoutés, conseillés, le suivaient partout, l'interrogeaient sur la mine, sur la guerre, sur la campagne. Il leur fabriquait des jouets simples mais combien appréciés et chéris – longtemps encore après sa mort. Tous les livres qu'il n'avait pas pu lire pendant son enfance sacrifiée lui ont apporté de grands plaisirs au cours de ses dernières années de vie.

Baptiste avait enfin pu réaliser son rêve, avoir une petite maison à lui, un toit, un foyer, lui le pauvre enfant au travail dès sept ans. Ni ma mère ni moi-même après la mort de ma mère n'avons eu le cœur de transformer cette maison où l'on retrouve l'âme de Baptiste.

J'ai donc été pensionnaire de l'âge de treize ans jusqu'à mes dix-huit ans à l'école primaire supérieure de Pézenas. Nous étions environ deux cents pensionnaires. Cette école nous préparait aux métiers d'enseignants, de postiers, et à l'École normale d'instituteurs.

Le jour de ma première rentrée, j'avais la gorge serrée. C'était un monde inconnu, et les sanglots de certaines de mes camarades n'arrangeaient pas mon désarroi. Heureusement, il y avait Georgette, venue de Ceilhes elle aussi, qui était déjà une ancienne, elle était là depuis deux ans.

L'intégration s'est finalement faite en douceur, mais dans des conditions de confort plutôt rudimentaires. Nous dormions dans un grand dortoir de trente lits, où chacune avait droit à une armoire fermée à clef. Sans chauffage, nous disposions en tout et pour tout d'un bidet par dortoir. Pas de douche ni d'eau chaude, bien sûr, seulement des lavabos et une « salle de bains de pieds » où nous nous lavions tant bien que mal, nous entraidant, nous frottant le dos. Nous avions la latitude d'utiliser les bains-douches publics, mais ils étaient payants. Finalement, j'avais d'autres ressources : je me rendais tous les dimanches chez des cousins en ville, et j'en profitais pour me laver. Mais il est arrivé bien souvent que des chahuts orchestrés par les externes au réfectoire nous privent toutes de sortie dominicale. Ces punitions étaient dures pour nous internes ; les externes eux s'en moquaient, et cela nous révoltait.

Ce dont j'ai le plus souffert en pension, c'est le froid. La nuit, nous dormions recroquevillées sous nos couvertures et nos édredons ; le matin, nous nous habillions à la hâte en grelottant.

Pendant ces cinq années de pension, l'épluchage et le tri des légumes étaient quotidiens. Je me souviens du tri des lentilles. Après le petit déjeuner, nous étions chargées de trier les lentilles et les petits cailloux. Les cailloux, oui, nous pouvions les enlever, mais les charançons... Lorsque le plat arrivait sur la table, impossible d'en avaler une bouchée, et le dégoût m'est resté.

Les professeurs étaient excellents. Ces femmes avaient chacune la charge de plusieurs matières : mathématiques, physique, chimie, sciences naturelles pour les unes, français, histoire, géographie, instruction civique pour les autres. Elles avaient fait leurs études à l'École normale de Fontenay-aux-Roses. Elles étaient efficaces et proches de nous, attentives à nos problèmes. J'ai reçu là une formation et une éducation remarquables. Entre les murs de l'école, nous avons appris à observer, à raisonner, à dialoguer. Je regrette vivement la disparition de cette institution qui a formé des générations de bons instituteurs de la République.

Le professeur de français nous a sensibilisées à la poésie, au théâtre, particulièrement à Molière, célébrité de Pézenas. Elle nous initiait au travail personnel en nous avertissant à l'avance du thème de ses cours : nous pouvions ainsi travailler en salle de documentation, où nous passions des heures entières à étudier la littérature et l'histoire, au détriment des mathématiques. Les cours n'en étaient que plus intéressants, le dialogue avec l'enseignant plus fructueux et le travail facilité : en sortant de la classe, nos leçons étaient sues. Avec ce professeur de français, nous avons visité et admiré la ville de Pézenas, détaillant son architecture médiévale et Renaissance, évoquant les grands hommes qui l'avaient animée, Jacques Cœur, Molière, tournant des pages d'histoire avec les Conti, les Montmorency. Le soir, je racontais mes lectures à mes camarades au dortoir, ce qui faisait régner le calme.

Un jour, avant une composition importante mais pour laquelle nous n'étions pas prêtes, Suzanne et moi « séchâmes » la promenade du jeudi pour nous réfugier en salle de chimie, un peu à l'écart de l'établissement, et travailler tranquillement. Soudain, des voix alarmantes s'approchèrent, et nous voilà installées dans les seules cachettes disponibles, les malles amoncelées dans le fond de la salle !

C'est dans ces malles que nous apportions nos trousseaux, qui comprenaient même le matelas, l'édredon en plumes et les couvertures. Douze culottes, six chemises de nuit, dix chemises de jour, des jupons, des tricots, des pull-overs et des bas tricotés par ma mère et ma grand-mère en bonne laine du pays, des chaussures pour la semaine, des chaussures pour le dimanche, des chaussons, des jupes, deux manteaux, des cache-nez, des vestes, des draps, des serviettes, tout était marqué d'un numéro ; le mien était le 20. À la fin de l'année scolaire, cet attirail repartait avec nous pour être lavé, nettoyé, raccommodé. Nous étions tenues de porter un affreux chapeau et un manteau d'uniforme.

Nous devions apporter aussi des victuailles pour le goûter, que l'école ne fournissait pas : confitures, chocolat, pâte de coing. Bien sûr, ces délices étaient vite dévorés et ne duraient pas le trimestre.

Notre professeur de dessin, un grand homme coiffé d'un chapeau noir, enseignait également dans le collège des garçons. Son chapeau fut bien utile à Lucile. Elle fréquentait un garçon du collège d'en face et ne pouvait bien sûr pas correspondre avec lui : toutes les lettres étaient ouvertes. Lucile s'échappait quelques instants du cours de dessin, se glissait dans le vestiaire des professeurs et cachait à l'intérieur du fameux chapeau, entre la bande de cuir et le feutre, des messages méticuleusement pliés à l'intention de son amoureux. Elle donnait à son soupirant le programme de nos promenades, au cours desquelles nous croisions bien souvent, comme par hasard, les internes du collège. L'amoureux utilisait le même facteur.

Noëlle, une de nos camarades, souffrait d'une santé fragile, qu'elle n'hésitait pas à exploiter au besoin. Ainsi, elle qui excellait en mathématiques et en physique était très mauvaise en français et en histoire. Pendant ces cours, il lui arrivait d'être prise de tremblements et de pousser de petits cris. Le professeur, inquiet, l'envoyait à l'infirmerie. Le stratagème marchait à tous les coups. Nous nous étions organisées : je lui faisais ses dessins, elle faisait nos devoirs de maths et nous ses devoirs de français. Mon niveau réel en mathématiques a beaucoup souffert de ces échanges !

L'été marquait le grand retour à la maison : nos malles, nos matelas et tout notre trousseau dans le train, nous partions gaiement. Les mois de discipline derrière nous, la joyeuse bande de camarades se retrouvait au village. Nous avions tant à nous raconter. Henriette, Jeannette, Nini, Mèmène, quel plaisir nous avions à vivre l'insouciance des vacances ! Dès le lever du soleil, nous partions dans la montagne avec notre petit déjeuner, un attirail de peinture, et nous arpentions les sentiers odorants en chantant et en devisant. De nos cannes, nous frappions le sol pour éloigner les vipères. C'était à la fois l'allégresse de la liberté partagée entre amies et l'amour de la nature. L'après-midi, nos bicyclettes nous amenaient souvent à Roqueredonde. Mais, chaque après-midi, nous devions assurer des travaux de couture : raccommodage des bas, des chaussettes, le dé au doigt. Cela faisait partie des talents que les filles devaient acquérir pour savoir s'occuper de leur futur mari ! Ce futur mari pour lequel nous devions apprendre à coudre, cuisiner, laver le linge, nous privait de nos après-midi de loisir et était la cause de bien des rébellions !

Le soir, des bals improvisés autour d'un accordéoniste du village nous faisaient tournoyer. À la fin du mois d'août, mes compagnes regagnaient leurs villages, moi, j'allais faire les vendanges avec mes camarades et ma mère.

II

1931-1945

Les grands débuts dans la France en guerre

Avoir vingt ans, entrer dans la vie active, quitter sa terre natale, fonder une famille, c'est en soi et pour tous tracer une ligne de démarcation. Bientôt, une autre, douloureuse, ô combien concrète, fut imposée à tous les Français. Du sud au nord, du nord au sud, ma vie – puis celle de mon mari et bientôt celle de Claude, notre petit garçon – s'est ainsi articulée, entre la confirmation des choix que j'avais faits pour ma propre existence et les engagements nouveaux que la marche de l'Histoire nous incita à embrasser.

La voie traditionnelle pour devenir instituteur passait par l'École normale. Pour l'Hérault, cette dernière acceptait vingt-trois élèves. À l'issue des trois ans d'études, les jeunes normaliens étaient répartis dans les écoles par l'administration. Certaines de mes camarades avaient ainsi été nommées dans des villages perdus où je n'avais aucune envie de me retrouver. Le chômage ayant touché durement les mines de Ceilhes, ma mère et Baptiste vivaient à Paris depuis peu et je décidai de les y rejoindre. Ils habitaient rue Traversière, dans le XIIe arrondissement. Ma mère se débarrassa vite de son épicerie, située à côté du marché d'Aligre, qui n'était guère florissante. Baptiste, lui, travaillait dans le bâtiment comme ouvrier. Inscrit au parti communiste, il lui resta fidèle toute sa vie.

Je demandai donc des suppléances à Paris, difficiles à obtenir. En 1931, Paris aussi était frappé de plein fouet par le chômage. Mais, pupille de la Nation, je pouvais bénéficier d'appuis. En outre, le maire de mon village, très lié au ministre de l'Éducation nationale, Mario Roustand, intervint en ma faveur.

Après une arrivée inoubliable gare de Lyon, ma petite valise à la main, je me rendis donc à la Direction de l'enseignement pour remplir un dossier. Peu après, je reçus ma convocation, un petit carton m'enjoignant de me rendre au 47, rue de Charenton, dans le XIIe arrondissement.

Rue de Charenton, munie de mon carton, je fus reçue par l'inspecteur du primaire, un homme d'environ quarante-cinq ans, trônant derrière un grand bureau. Il commença par me dévisager et me détailler des pieds à la tête, puis me demanda : « Quel âge avez-vous ? D'où venez-vous ? » Tremblante, impressionnée, glacée de timidité, je me soumis à son interrogatoire. Il me déclara alors qu'il ne pouvait pas me confier de classe : j'étais beaucoup trop jeune, j'aurais l'air plus jeune que les élèves. À l'époque, je désirais en effet, comme toutes mes camarades, enseigner à des « grands », c'était plus valorisant ; personne n'ambitionnait de travailler en maternelle.

L'inspecteur poursuivit : « Si vous voulez, je peux vous prendre comme secrétaire. » C'est alors qu'il se mit à me complimenter pour mes yeux, mon teint. La gêne me paralysait. Secrétaire ? Je voulais depuis ma plus tendre enfance être maîtresse. Je me levai pour prendre congé, morte de peur : les inspecteurs étaient des figures respectées et craintes et moi, une petite provinciale de dix-huit ans, fraîche émoulue de l'École primaire supérieure, aspirant à entrer dans l'enseignement. Il me reconduisit vers la porte et, sans que je puisse voir venir son geste, il me saisit et me colla un baiser sur la bouche. Bouleversée, je m'enfuis en courant. J'arrivai place de la Bastille à bout de souffle, de grosses larmes me coulaient sur le visage. Ma fierté blessée et mon caractère forgé par la rude vie de mes montagnes m'interdisaient de pleurer en public. Dans un sursaut de désespoir, je décidai d'aller donner ma démission. Ma carrière d'enseignante était finie avant d'avoir commencé.

La Direction de l'enseignement se trouvait à l'époque rue Lobau, à l'Hôtel de Ville. Ce n'était pas bien loin. Sur place, je demandai le bureau des suppléances. Je fus reçue par une grande et belle jeune femme, à qui je lâchai tout de go : « Je crois que je ne pourrai pas enseigner », et j'éclatai en sanglots. Pleine de sollicitude, la jeune femme essaya de me réconforter : « Qu'est-ce qui vous arrive ? Montrez-moi votre carton de convocation. » Elle connaissait le bonhomme et comprit tout de suite la raison de mes larmes. Doucement, elle me calma et me fit raconter ma mésaventure. Elle trouva la solution à mon problème : « Je vais vous envoyer dans une école maternelle, tout se passera très bien et vous ne donnerez pas votre démission. » La finesse et la bonté de cette femme ont décidé de toute ma vie. Jusqu'à ma retraite, je n'ai jamais pensé à demander d'autres classes que les maternelles. J'aimais les petits, et travailler avec eux a été pour moi une expérience passionnante.

J'ai appris plus tard que l'inspecteur entreprenant avait été révoqué pour cause d'exhibitionnisme.

L'école maternelle française, appelée autrefois asile, est devenue école en 1881 avec pour but de donner aux enfants les soins que réclame leur développement physique, intellectuel et moral. Quelques figures emblématiques ont posé les jalons de la croissance de l'école maternelle : Marie Pape-Carpentier (1815-1878), qui a influencé fortement la formation des institutrices de maternelle ; Pauline Kergomard (1838-1925), qui précisa la pédagogie de l'école maternelle et développa le rôle de la maîtresse, et Germaine Tortel (1896-1975), que j'ai eu l'immense joie de connaître et dont je parlerai longuement, qui apporta une pédagogie novatrice fondée sur l'échange et la dialectique.

L'école maternelle est un lieu où le bonheur existe pour les enfants. Elle les accueille à l'âge où ils sont avides de nouveautés, de connaissances. Répondre à leurs attentes, les aider à éclore en leur apportant de l'affection et des valeurs fondatrices, leur faire découvrir le monde extérieur et leur propre monde intérieur, tel est le rôle sacré de l'enseignant.

Grâce aux suppléances, je suis entrée immédiatement dans le vif du sujet ! Le 3 novembre 1931, j'arrivais rue des Petits-Ponts, à Pantin. La directrice me toisa de la tête aux pieds et me demanda : « Vous avez quel âge ? – Dix-huit ans. – Eh bien, vous n'allez pas vous amuser, ma petite, parce que je suis en principe chargée de classe mais je ne la fais pas, donc vous aurez ma classe de bébés et en plus, comme vous remplacez Mme Leriche qui est en congé de maternité, vous aurez la classe des moyens. Mais, ajouta-t-elle pour me rassurer, je vais vous donner la femme de service pour vous aider. » La plupart de ces femmes de service étaient des veuves de guerre, ces postes étaient en général des « emplois réservés ».

L'école était flambant neuve, peinte en couleurs vives et agréables, surtout un certain jaune que je n'ai jamais retrouvé nulle part. D'emblée, ma perméabilité aux sensations qui avaient enchanté mon enfance trouvait une nouvelle occasion de se manifester et me servait de sésame. Une couleur rare, chaleureuse, pouvait à elle seule faire la différence. La directrice m'emmena et me dit : « Regardez, voilà, c'est votre classe. » Les meubles étaient superbes. Elle ajouta : « Dans ce placard-là, vous allez trouver des jeux sensoriels. » Jeux sensoriels ? Je ne savais pas ce que c'était. J'avais autour de moi soixante-dix gosses de quatre ans et demi. La femme de service m'a apaisée : « On va se débrouiller, je vais prendre les bébés et vous les moyens. »

J'ai alors rassemblé mes souvenirs d'écolière et je me suis jetée à l'eau. « Je me présente, je m'appelle Mademoiselle Hugonenq, et vous ? Toi, comment t'appelles-tu, et toi, et toi ? Nous n'allons pas ranger le placard aujourd'hui, je ne sais pas ce qu'il y a dedans, vous le savez peut-être mieux que moi (ce fameux placard plein de jeux sensoriels dont j'ignorais tout me terrorisait). Est-ce que vous avez un petit chat ? – Oui, moi j'en ai un. – Moi aussi. – Ah bon, et comment s'appelle-t-il, ton petit chat, et de quelle couleur est-il ? Eh bien, moi, j'en avais un aussi quand j'étais petite comme vous, il s'appelait Mistigri et je lui avais appris à sauter. » La glace était rompue, j'étais lancée et j'étais heureuse.

Ils étaient si passionnés que les bébés sont venus s'asseoir avec nous. La récréation arrivée, la femme de service, en vieille routière, m'a dit : « Venez, on va les habiller en faisant traîner un peu les choses, ça gagnera du temps. »

Après la récréation, je me suis rappelé que dans l'école de mon enfance nous avions appris une chanson de Suzanne Brés :

Le petit chat s'éveille en dressant l'oreille, regarde alentour, bonjour ! minet, bonjour ! bonjour !

C'était le moment de faire appel à ces souvenirs.

À la fin de la journée, les enfants sont partis brandissant fièrement le dessin du petit chat qu'ils avaient soigneusement réalisé et fredonnant la chanson que nous avions commencé à apprendre.

Mes nouvelles collègues, à qui j'ai raconté ma première journée, m'ont prise en affection. Toute l'équipe s'est occupée de moi. « Vous allez commencer à faire comme cela, vous allez préparer la classe de telle façon... » Je leur dois beaucoup.

Et cette fameuse armoire de jeux sensoriels, il a bien fallu l'ouvrir. Mon Dieu, quelle pagaille : des petits bouts de jeux, des morceaux de carton ! J'ai aussitôt refermé le meuble.

Un jour, la directrice me dit très aimablement : « Dimanche prochain, si vous voulez venir déjeuner chez moi, je serais contente de vous avoir. » Je remercie, assez touchée de son geste, mais je réserve ma réponse. J'en parle aux collègues, dans l'idée de leur prouver qu'après tout elle était une brave femme. Je fus aussitôt dissuadée d'accepter l'aimable invitation : la directrice avait un fils bon à rien qu'elle essayait de refiler à toutes les suppléantes qui passaient dans l'école.

Ma première inspectrice, Mlle Bardot, me convoqua bientôt en me demandant de lui confirmer ses soupçons : « Mademoiselle, parlez-moi franchement : vous vous occupez en fait de deux classes... » Elle décida de m'envoyer dans une école où je pourrais apprendre mon métier.

Mon vagabondage d'une école à l'autre au gré des suppléances entre 1931 et 1935 m'a beaucoup apporté. J'ai pu glaner dans chaque école, auprès de chaque institutrice qui me prenait sous son aile, le meilleur : des idées, des méthodes, des attitudes. J'ai en particulier découvert une méthode d'initiation à l'écriture qui s'est révélée très riche. Mlle Bardot tenait à ce que nous utilisions le pinceau et la peinture. Comme un petit Chinois, avec son pinceau fin à bout pointu, l'enfant écrivait en s'appliquant, sans appuyer trop fort de peur d'écraser le pinceau et de noyer la lettre. Il devenait adroit, son poignet et ses doigts s'assouplissaient, les gestes se faisaient plus précis. La main déjà habituée à la délicatesse et à la précision, le passage au porte-plume n'était plus qu'un jeu.

Au Pré-Saint-Gervais, où j'aboutis après un passage par Bagnolet, l'école était installée dans de vieux baraquements, en attendant une prochaine reconstruction. À la directrice qui me demandait si je me plaisais dans l'enseignement, je répondis que c'était ma vocation de toujours. « Vous savez, me prévint-elle, vous ne serez jamais riche. Mon mari et moi, nous sommes tous les deux dans l'enseignement, nous n'avons pas d'enfant et pourtant nous ne buvons du vin que le dimanche ! » J'ai pu constater qu'elle avait raison. Mais quelle importance ? J'étais comblée.

Elle faisait régner dans toute l'école une atmosphère de calme et de sérénité. Les enfants pratiquaient la gymnastique rythmique qui leur apportait détente et défoulement mais aussi concentration et maîtrise. Une institutrice proche de la retraite captivait l'auditoire avec le monde merveilleux des contes : les enfants suspendus à ses lèvres vibraient avec *Nils Olgerson*, *Maître Cornille* ou *Peau d'âne*, leurs yeux brillant de plaisir. Une autre maîtresse conduisait le chant. Ma classe accueillait plus de cinquante élèves.

C'est à cette époque que je me suis présentée avec succès au Certificat d'aptitude pédagogique, diplôme obligatoire pour tout enseignant. Dans un baraquement en bois, je faisais face à quarante-neuf élèves et à trois « juges » : deux directrices d'école et mon inspectrice, Mlle Bardot. L'enjeu, considérable, a fait de ce CAP l'examen le plus éprouvant de ma vie. J'avais choisi l'enseignement depuis si longtemps, j'aimais déjà ces enfants, je voulais me consacrer à eux. Mon avenir était entre les mains de ces trois enseignantes et de ces quarante-neuf enfants. Par la suite, jamais je n'ai fait passer de CAP à de jeunes enseignantes sans me souvenir de cette journée capitale.

À la suite de mon CAP, j'ai été nommée porte d'Ivry, en pleine zone.

C'était en 1933. À la porte d'Ivry, l'école toute neuve ouvrait pour la première fois. Le jour de la rentrée, deux cent quarante-trois enfants attendaient cinq institutrices dans le plus grand désordre. Ils allaient en classe pour la première fois, criaient et couraient partout, ne savaient pas ce que c'était qu'une chaise, glissaient sur les rampes avec ravissement. Après une identification et une répartition assez laborieuses, le plus souvent au hasard de la taille des enfants, je pris en main ma classe de grands (cinq et six ans). Ils étaient près de cinquante, sur les soixante-dix inscrits, à découvrir un monde : les bureaux, l'armoire à jeux, les pinceaux, la craie, les cahiers. Notre classe à grandes baies vitrées donnait sur une terrasse. *La chèvre de Monsieur Seguin* a établi un contact affectueux entre nous : assis par terre, attentifs, curieux, ils voyaient en cette école un lieu gai et sûr.

Leur état était pitoyable. Mesurant vite les urgences, la directrice a demandé aux bénévoles de la Croix-Rouge de venir quotidiennement aider les petits à faire leur toilette dans la grande salle de douches. Beaucoup d'enfants étant nus sous leur blouse ; nous avons créé un vestiaire, constitué de vêtements que nous demandions à nos familles et à nos amis. Le linge était marqué, lavé et réparti par les bénévoles. À dix heures, nous distribuions lait et biscuits. La cantine s'est organisée peu à peu. Un mois après la rentrée scolaire, l'école fonctionnait à merveille.

Une de mes collègues prenait tous les jeudis quatre ou cinq enfants chez elle et elle les faisait manger, elle les amenait au manège ou aux marionnettes. Un jour, lors de la « visite de propreté », elle eut le malheur de dire à une petite fille que sa chemise était sale. L'enfant se mit à pleurer et à la sortie de l'école se confia à sa mère, qui, très remontée, voulut voir la directrice. Le lendemain, toujours aussi furieuse, elle demanda à voir la maîtresse : « Je suis sûre qu'elle n'a même pas de chemise, et elle dit à ma fille que la sienne est sale ! » La directrice expliqua que peut-être la petite n'avait pas bien compris, que cette institutrice était très gentille, qu'elle prenait des enfants chez elle bien souvent... L'autre ne voulait rien entendre : « On la déshabillera ! » Inquiète, la directrice conseilla à l'institutrice de rester chez elle pendant une semaine pour calmer cette « vendetta ». À la sortie de l'école, toute une compagnie de femmes était décidée à déshabiller la maîtresse pour vérifier qu'elle portait une chemise, et nous finissions par nous alarmer. Alors la directrice a pris la petite à part et lui a demandé d'expliquer à sa mère qu'elle s'était trompée. Mais elle m'a confié plus tard que cela lui avait fait mal au cœur de pousser l'enfant au mensonge, fût-ce pour mettre un point final à cette malheureuse histoire.

Peu après mon arrivée, avec une jeune collègue, je décidai d'aller voir où vivaient nos élèves. Un vaste terrain, les anciennes fortifications, était parsemé de cabanes en bois, en tôle ou en brique, de caravanes cabossées. Par endroits, des tas d'ordures ou de ferraille ; seulement deux points d'eau. Là vivait une population de pauvres gens, Espagnols, Italiens, Yougoslaves, Tchécoslovaques, Polonais, Gitans, Nord-Africains. C'était la misère. Les habitants nous regardaient d'un air bizarre. Heureusement quelques enfants sont venus vers nous.

Nous avions des originaux. Roland voulait être général, c'était le meneur de jeux dans la cour ; la petite Italienne Maria vendait des fleurs dans les couloirs du métro ; les petits Gitans Antoine et Rita arrivaient tous les jours avec des bonbons pour la maîtresse. Comme je m'étonnais de la provenance de ces friandises, ils m'ont expliqué tranquillement qu'elles venaient tout simplement de chez l'épicière : « On ne les paye pas, maman discute avec l'épicière et nous on les prend. » Pour eux, ce geste n'était pas du vol. Les enfants arrivaient souvent à l'école avec des brassées de fleurs... fanées, récoltées dans les poubelles. Ainsi avons-nous commencé un herbier dans lequel les petits collaient les pétales, les sépales, les pistils, autant de noms qu'ils apprenaient avec fierté.

Certains enfants venaient des nouveaux HLM construits en face de l'école. Le père d'un petit élève me dit un jour doctement : « Dans l'avenir, tout le monde est appelé à vivre ensemble, sans distinction de race, de culte et de culture, nos petits doivent y être préparés et la tolérance est la plus grande vertu de l'individu. » L'utopie fleurissait dans la zone.

Les cahiers étaient bien tenus et bien écrits, les travaux manuels (broderies sur canevas, par exemple) soigneusement exécutés. En dessin, certainement leur matière préférée, les enfants réalisaient des compositions décoratives à l'aquarelle aussi bien que des dessins libres fort suggestifs ou des dessins d'observation remarquables dans leurs formes et leurs couleurs.

Nous avons beaucoup pratiqué la danse ; bien des enfants dansaient à merveille. Un petit Chinois dont le papa travaillait dans un cirque savait faire tourner les assiettes en équilibre sur un bâton.

Un jour, la directrice envoya une femme de service nous annoncer la visite de l'inspectrice, en compagnie de l'inspectrice générale. C'était un événement, qui intervenait dans ma classe en plein exercice de lecture : nous travaillions le son « on ». J'avais écrit au tableau : *nous chantons une jolie chanson sur le pont d'Avignon*. Nos classes étaient disposées en enfilade : de la mienne, à travers les vitres, je voyais toutes les autres. Je vis d'abord ma collègue de la première classe, tout au bout, en pleurs, puis la maîtresse suivante, qui pleurait aussi, et enfin la maîtresse la plus proche de moi, rouge comme un coq et manifestement très en colère. Je m'aperçus alors que ma blouse était tachée de peinture. Pour une visite de l'inspectrice générale et de l'inspectrice, voilà qui faisait mauvais effet. J'ai préféré enlever ma blouse.

Vint le tour de ma classe. L'inspectrice générale, une grande femme imposante, me regarda de la tête aux pieds, puis lâcha : « Mademoiselle, on ne vient pas à l'école en tenue de bal. » J'avais tricoté un pull-over marron avec tout le haut en rose, en laine angora, selon la grande mode. Je me mis à pleurer moi aussi. Alors un petit se leva, la fixa droit dans les yeux et lui lança : « Dis donc, toi, tu as fini de faire chialer notre maîtresse ? » L'inspectrice passa outre, continua son inspection, et pour une raison quelconque à nouveau se mit en colère. Un autre enfant s'avança : « Dis donc, tu la fermeras ta boîte à camembert ? » Je tâchai de les excuser auprès de l'inspectrice : « Vous savez, c'est leur vocabulaire, ce sont des petits de la zone ». L'inspection prit fin.

Quelques jours plus tard, l'inspectrice est revenue pour nous rassurer : en fait, c'était elle qui était inspectée, pas nous. Comme elle entrait dans ma classe, une petite s'enhardit : « Tu ne l'amènes pas, la mémère de l'autre jour ? – Quelle mémère ? » Alors, un autre intervint : « Mais, tu ondules de la toiture ? » J'étais toujours surprise de les entendre s'exprimer ainsi.

Je devais revenir dans cette école de la porte d'Ivry comme auxiliaire de directrice en 1937, puis comme institutrice titulaire en 1940, juste avant que les Allemands ne l'occupent et nous en chassent. La première année que j'y ai passée reste une expérience unique, à laquelle je n'ai jamais cessé de penser avec bonheur.

Après la porte d'Ivry, j'ai travaillé un an à côté de chez moi, rue Traversière, dans le XIIe arrondissement. L'école ne comptait que deux classes. D'emblée, la directrice me déclara qu'elle ne faisait ni les rentrées ni les sorties de classe, ni les récréations. Je devrais me débrouiller avec tous les enfants à ces moments-là. C'était une personnalité curieuse, elle était spirite et me recommanda de ne pas m'étonner si j'entendais des bruits insolites, des pas, en haut, dans la partie de l'école qu'elle habitait : « Il y a des esprits qui vivent là. » J'étais morte de peur. Unique enseignante avec elle dans l'école, je m'arrangeais pour ne jamais rester seule dans la classe : ou bien je gardais les élèves, ou bien j'appelais la femme de service.

J'avais vingt ans, et je réalisais mon rêve. Pendant les vacances de l'été 1933, ma grande amie Suzon, qui était à l'École normale, m'invita à passer quinze jours chez ses parents à Castries, un bourg de l'Hérault. Ils vinrent me chercher à la gare et m'annoncèrent que la fête battait son plein au village, que Suzon m'y attendait déjà. « Allons d'abord à la maison, pour que tu puisses repasser tes robes. » Dès le soir de mon arrivée, c'était donc la fête, le bal ! J'apprête mes toilettes, et me voilà dans la danse, escortée par Georges, le frère de mon amie – que je couvais des yeux –, et par un de ses camarades, un grand escogriffe du nom de Roger Allègre. Nous avons fait la fête, le grand échalas tournait autour de moi. Il était du coin, de Prades, à côté de Montpellier ; ce n'était pas mon type d'homme, et il m'intimidait. Mais apparemment je lui plaisais.

En une joyeuse bande, nous sommes allés voir une course de taureaux. Je n'en avais jamais vu et, pas plus que je ne supportais autrefois l'abattage du cochon, je n'ai supporté ces combats. Je suis sortie avant la fin ; Roger m'a accompagnée. Mais il ne me faisait toujours aucun effet.

Curieusement, ce fut ma romance avec Georges qui nous rapprocha. À l'époque, Georges était interne au collège de Lunel et, bien sûr, comme toutes les lettres, les nôtres étaient ouvertes et censurées. Quel obstacle à nos amours ! Roger, étudiant et donc beaucoup plus libre, se proposa de faire le facteur. J'envoyais mes lettres chez lui, et il les remettait à Georges, avant de me renvoyer la réponse. Toute la correspondance transitait par ses mains. Aux réponses de Georges, Roger ajoutait toujours un petit mot, souvent lyrique... Les lettres du facteur se sont multipliées et celles de Georges se sont raréfiées. Et c'est comme cela que j'ai été conquise. La famille de Georges m'en a voulu et c'en fut fini de cette amitié.

Nous nous sommes beaucoup vus, ma mère a bien sûr fait la connaissance de Roger. Une voisine du village l'avait mise en garde : « Tu ne vas pas donner cette belle petite à ce tuberculeux, tu ne vois pas qu'il est tuberculeux ? » Renseignements pris sur Roger et sa famille, le curé a donné le feu vert : « C'est une famille très bien, elle peut y aller. » Ainsi se passaient les choses de mon temps, on ne donnait pas ses enfants à n'importe qui. Et ma famille était doublement attentive à sa fille unique et choyée.

Nous nous sommes fiancés officiellement en 1934. Roger, qui n'avait pas son bac, préparait pourtant une licence de sciences naturelles à Montpellier. Alors qu'il s'orientait vers les arts et métiers, un ami lui avait conseillé de passer le PCN (physique, chimie, histoire naturelle). Un bon résultat vous valait l'équivalence du bac et permettait de poursuivre ses études à l'université. Son père y a consenti, malgré le sacrifice imposé à une famille qui avait de nombreuses bouches à nourrir, et Roger a réussi. Sa licence en poche, il se destinait à enseigner dans un collège ou un lycée. Ainsi mon mari a-t-il, après la guerre, obtenu l'agrégation sans être bachelier.

À l'époque de nos fiançailles, les postes de professeur étaient rares et Roger ne pouvait même pas être instituteur parce qu'il n'était pas titulaire du brevet supérieur. Mais il pouvait enseigner en Algérie. Une amie, qui connaissait bien le secrétaire général de l'Élysée, Oswald Durand, a soutenu sa demande. Aîné de sept enfants, Roger était prioritaire, et il est parti enseigner à Oran.

En 1935, deux ans jour pour jour après notre première rencontre, nous nous sommes mariés. J'avais vingt-deux ans, Roger vingt-quatre. Je ne voulais pas aller en Algérie et nous avons décidé de rester à Paris où je gagnais ma vie et où il pourrait préparer son agrégation.

L'enfant unique, choyée par une mère et des grands-parents aimants, tous concentrés sur sa petite personne, entrait dans une tribu de sept enfants. J'y trouvai affection et animation. Mon beau-père, un bel homme féru d'opéra, était courtier en vins, le revenu de son petit vignoble ne suffisant pas à faire vivre cette famille nombreuse dans des années qui ignoraient encore tout des allocations familiales. Ma belle-mère, d'origine lorraine, était réservée mais très bonne. Combien de fois l'ai-je vue épuisée sous le poids du travail domestique !

J'ai passé le concours de l'auxiliariat en 1935, l'année de mon mariage. En 1936-1937, je suis donc retournée porte d'Ivry en tant qu'auxiliaire de directrice, cette fois, mais pas encore titularisée.

Le rôle de l'auxiliaire étant de soulager la directrice, je m'occupais de la classe des bébés, dont elle avait la charge. C'était toujours la zone, rien n'avait changé. J'étais en fait à cheval sur deux écoles, celle de la porte d'Ivry et celle de la place Jeanne-d'Arc. Le quartier de la place Jeanne-d'Arc était difficile, analogue à celui de la porte d'Ivry : c'était la zone mais en appartements, qu'on appelait la cité. Beaucoup de prostituées étaient les mamans de nos élèves. École pilote, l'école de la cité Jeanne-d'Arc attirait des visites de délégations étrangères et de collègues venus assister à nos classes. C'était parfois angoissant.

Une de nos collègues avait été gouvernante des enfants du roi de Roumanie et avait entrepris d'apprendre les bonnes manières à ces petits – bien se comporter à table, tenir leur fourchette et leur couteau avec élégance : on aurait dit de petits princes !

Au début de notre mariage, nous avons habité quelque temps chez un oncle, à Saint-Cloud. Puis, en 1937, alors que j'attendais Claude, notre premier enfant, j'ai été nommée à l'école maternelle de la rue

Daviel, dans le XIIIe arrondissement. Nous avons donc cherché un appartement à côté de l'école. Nous vivions pauvrement, sur mon salaire. Pour nous meubler et nous installer, je me suis entendue avec mes tantes, et nous avons décidé de vendre la ferme de mon père, grâce à quoi nous avons pu acheter nos meubles et payer le trimestre de loyer d'avance. C'est dans notre petit logement de la rue Daviel que Claude est né.

La vie n'était pas facile. Les non-titulaires n'étant pas payés pendant les vacances, je faisais des classes de vacances, des garderies. Je n'ai pu m'arrêter que quinze jours pour la naissance de Claude. Titulaire, j'aurais bénéficié de congés de maternité payés, mais ce n'était pas le cas. Je prenais quelqu'un pour garder le petit les jours où ma mère ne pouvait pas venir, et je surveillais la cantine pour payer cette dame.

Je me rendais aux cours du soir de la Ville de Paris, rue Montmartre, pour préparer le brevet supérieur, cours qui préparaient également au baccalauréat et duraient trois ans. Le professeur de chimie me dit un jour en confidence qu'il allait prendre sa retraite et que mon mari, vu ses diplômes, pourrait postuler pour son poste. Ces quatre heures de cours de chimie nous ont permis de soulager notre budget. Jusqu'à sa retraite, Roger est resté dans cet organisme, dont il est devenu le directeur.

Lors d'une de ces classes de vacances, dans une école de la rue de Cîteaux, près du faubourg Saint-Antoine, j'ai vécu une émotion dont je me souviendrai toute ma vie. Je racontais *Le Petit Chaperon rouge* et j'y mettais tout mon cœur. Nous étions dans le préau, fermé par de petits portillons. « Et le loup se jeta sur la grand-mère et la mangea » : à ces mots, un de mes petits, pris de panique, ouvrit le portillon et s'enfuit en courant dans la rue. Je laissai les autres enfants à la garde de la femme de service et me lançai à sa poursuite. Heureusement, à l'époque, la rue comptait plus de chevaux et de charrettes que de voitures. Je n'ai pas pu rattraper l'enfant avant le faubourg Saint-Antoine. Il était allé se réfugier directement auprès de sa mère, qui travaillait dans un restaurant du faubourg. La maman calma l'enfant et me calma aussi. Depuis ce jour ont disparu de mon répertoire beaucoup d'histoires, et en particulier *Le Petit Chaperon rouge* ! Ce type d'expérience vous installe dans la pédagogie réelle.

Pour mon premier poste comme titulaire, en 1937, j'ai été nommée à l'école maternelle du Plateau, à Vitry, à une heure de chez nous. C'était un milieu ouvrier, vivant et sympathique. Ma mère, qui habitait encore Paris, venait s'occuper du bébé et, en compagnie de Baptiste le samedi, le promener au parc Montsouris dans le magnifique landau offert par mes collègues ; cette aide précieuse dura jusqu'à la fin de l'année suivante, quand ma mère et mon beau-père retournèrent à Ceilhes.

Claude était éveillé et précoce, intrépide aussi, ce qui nous inquiétait beaucoup car les médecins avaient diagnostiqué à sa naissance une communication interventriculaire, grave malformation cardiaque. Il devait rester au calme, lui, « Monsieur-je-bouge-toujours » ! Comme à neuf mois il marchait, le médecin nous conseilla de lui faire confectionner des chaussures spéciales qui le feraient tomber, et renoncer à courir... Bien sûr, il s'y adapta et réussit à marcher malgré tout : nous avons supprimé les chaussures.

Son père, jeune étudiant de vingt-quatre ans qui préparait à la maison l'agrégation de sciences naturelles, était très disponible. Il lui racontait des fables de La Fontaine, lui disait des poèmes de Victor Hugo ou de Leconte de Lisle. Claude apprenait, observait. Il se montrait intrigué par tous les « cailloux » que manipulait son père : fossiles, cristaux de roches. Les voisines, mes collègues institutrices de la rue Daviel, auxquelles il récitait des poèmes, formaient une cour autour de lui. Dans notre immeuble vivait une famille de Russes blancs, les Oldenbourg. Zoé, futur prix Fémina pour son roman *Argile et cendres*, et future présidente du jury du même prix, aimait cet enfant. Les Oldenbourg et nous étions les plus pauvres de ce 20 rue Daviel. Zoé et sa sœur Olga assumaient de petits travaux dans le quartier.

La guerre n'était pas encore déclarée, mais depuis les accords de Munich chacun sentait bien qu'elle allait arriver. L'invasion de la Tchécoslovaquie par les Allemands a motivé l'évacuation, planifiée par la Direction de l'enseignement. C'est rappelée par un télégramme impératif, dans la chaleur de ce mois d'août 39, que je suis rentrée de Ceilhes pour évacuer mes petits écoliers de Vitry à Corbigny, dans la Nièvre. Mon mari était resté dans le

Midi avec notre petit Claude. Sans poste, exempté du service militaire parce qu'il n'était pas assez robuste, Roger était donc toujours étudiant et nous étions convenus qu'il resterait à la campagne, dans cette atmosphère d'incertitude de l'été 39.

Transports, lieux d'accueil, tout était prêt. Arrachés à leurs parents, les malheureux enfants criaient, réclamant leurs mamans, et nous avions beau leur dire qu'on allait voir des vaches, des chevaux ; rien n'y faisait. Dans les wagons en bois du train bondé régnait une chaleur intenable. Les parents avaient donné à leurs enfants de la charcuterie, dont l'odeur mélangée à toutes les autres odeurs du voyage achevait de rendre l'air irrespirable ! Toutes les collègues de Vitry avaient répondu à l'appel, nous étions toutes là.

À Corbigny, au bout de notre voyage en train, nous avons été accueillis dans la chapelle désaffectée d'un cloître. Je n'étais pas très rassurée moi-même en ce lieu mal éclairé, mystérieux. Imaginez alors la peur des enfants dans un endroit si étranger à tout ce qu'ils connaissaient ! Les collègues de Corbigny nous avaient préparé un repas. Nous allions loger au cours complémentaire, qui disposait d'un internat et de dortoirs. Mais avant d'aller au lit, il fallait procéder à l'opération W.-C. Dans des hurlements de terreur, quatre-vingts enfants de cinq ans devaient faire leurs besoins dans des toilettes à la turque dont il leur semblait que l'énorme trou pouvait les engloutir. Prises de pitié, nous les avons fait sortir et leur avons dit de faire pipi dehors. Nos collègues de Corbigny ont accompli des prouesses, ce soir-là ; elles ont dû réveiller tous les quincailliers de la ville et elles sont arrivées un peu plus tard équipées de pots de chambre et de petits seaux.

Je suis restée presque un an à Corbigny. Des institutrices sont venues prendre en charge les petits et j'ai été nommée à l'école primaire. Mon mari et mon fils m'ont rejointe et nous avons vécu dans une chambre à l'école maternelle. Avec les enfants de l'internat, nous prenions nos repas au cours complémentaire. Nommé au collège de Clamecy, Roger venait deux fois par semaine nous rejoindre à Corbigny, mais les moyens de locomotion n'étaient pas nombreux et les trajets guère faciles. Claude, petit gamin de deux ans et demi, parlait bien et était gai comme un pinson. Il m'appelait « Mamanette », surnom que tous mes collègues ont bientôt adopté.

Nous étions heureux. Nous partions en compagnie des enfants à la découverte de cette région magnifique, avec ses bois et ses étangs.

C'est là que pour la première fois j'entendis parler d'une personne qui allait marquer ma vie : toutes les institutrices, aussi bien au cours complémentaire qu'au cours primaire, évoquaient une inspectrice à la réputation exceptionnelle, Mlle Tortel, qui avait, disait-on, donné par des méthodes novatrices un élan déterminant à l'enseignement des petits et à l'école primaire. N'entendant parler que d'elle, j'étais intriguée et curieuse.

Pour faire la classe aux enfants de mon CM1, mon accent méridional me handicapait, surtout pendant les dictées. Au point que j'avais demandé au directeur d'assurer cet exercice à ma place. Je me souviens d'avoir dit un jour aux élèves : « Prenez votre grammaire » et en avoir entendu un souffler à son voisin en riant sous cape : « Passe-moi ton grand-père » ! Les enfants de la Nièvre découvraient les sonorités du Midi.

Tout heureux qu'ils furent, ces quelques mois, qui sont restés ma seule expérience d'enseignement primaire, m'ont confirmée dans ma préférence pour la maternelle. Entre les petits et moi, c'était une histoire d'amour.

En mars 1940, mon mari étant mobilisé et envoyé près de Grenoble, j'ai conduit Claude chez mes parents dans le Midi. De Corbigny, début juillet 40, nous apprenions de la voix tremblotante du maréchal Pétain l'arrêt des combats. Les réfugiés envahissaient les routes. Je décidai de me rendre à Ceilhes pour y retrouver mon petit garçon. Assez angoissée, je partis avec le directeur de l'école élémentaire et sa famille, qui se rendaient dans les Charentes. Au pont de Digoin, la route était encombrée par les militaires qui fuyaient avec leurs familles et s'estimaient prioritaires sur le commun des réfugiés civils. Nous voilà pris dans une longue file de réfugiés. Plusieurs d'entre nous sont descendus et sont allés au devant d'un militaire : « Vous n'allez pas à la guerre, vous évacuez vos femmes, vous n'avez pas plus de droits que nous, vous n'êtes pas prioritaires. » Le ton monta, et finalement, les « civils » purent passer. C'était la déroute. De là nous avons rejoint Limoges, et de Limoges, Saintes.

Nous y sommes restés quelques jours, chez la sœur du directeur. On voyait partir les prisonniers français embarqués par les Allemands. Certains officiers conseillaient à leurs hommes de fuir, il était encore temps. La sœur du directeur fournissait des habits civils à tous ceux qu'elle pouvait aider. Elle allait dans toutes les maisons demander des habits pour les soldats français. C'était le sauve-qui-peut. Moi, je cherchais un moyen de retourner dans le Midi retrouver mon fils. Nous avons pris la route d'Angoulême, où nous avons couché dans la cathédrale, puis celle de Périgueux, et je suis enfin arrivée chez moi. Roger, qui venait d'être démobilisé, ne tarda pas à nous rejoindre.

Pétain avait les pleins pouvoirs, la radio et la presse étaient censurées, le droit de réunion supprimé, le nouveau régime se mettait en place. Commença la période de l'occupation allemande dans toute la zone nord, avec son cortège de brimades, de privations, de lâchetés et de délation, de censures et d'interdictions. Mais cette période d'adversité a vu aussi émerger des figures héroïques, des résistants petits et grands, ombres actives tissant la toile d'un avenir meilleur.

Pour regagner Paris, à la fin de l'été, de nouvelles formalités nous attendaient : la ligne de démarcation séparant les deux zones ne se passait pas sans papiers spéciaux. Nous avons décidé de laisser Claude chez ses grands-parents, dans un environnement familier et rassurant, et nous sommes rentrés à Paris dans le froid de l'automne 40. À l'arrivée, le choc fut rude : bruits de bottes allemandes, voitures allemandes, panneaux indicateurs rédigés en allemand, immenses drapeaux à croix gammée civils au chapeau noir rabattu sur le front. Le ravitaillement difficile, le rationnement, les files d'attente devant les magasins et l'absence de charbon laissaient craindre le pire pour l'hiver. Dans la limite de nos moyens, nous faisions des provisions.

Pour la troisième fois j'ai recommencé à travailler à la porte d'Ivry, toujours dans la même école, mais désormais en tant que titulaire. Roger avait été nommé au lycée Janson-de-Sailly, dans le XVIe arrondissement.

Dès l'été 40, les premiers mouvements de résistance s'étaient organisés. À notre retour à Paris, mon mari a rejoint un groupe de professeurs résistants de son lycée. Ces groupes naissaient et se développaient indépendamment des partis politiques, d'ailleurs dissous. Si de nombreux intellectuels appartenaient à des familles d'idées proches de la gauche, les étiquettes étaient assez floues et les opinions en vérité très mélangées. Les activités de résistance étaient clandestines et très prudentes, car à Janson beaucoup portaient la francisque pétainiste. Tout le monde se méfiait de tout le monde. Très vite, le mouvement s'est étendu à d'autres lycées, puis à des écoles.

Au début de l'Occupation, au moment de notre entrée dans la Résistance, nous étions complètement démunis. Ce fut une période très angoissante. Pour noircir encore un peu le tableau, il faisait si froid, sans charbon ni bois, que nous nous couchions tout habillés. Comme je me réjouissais de savoir mon Claude en sécurité en zone libre, à Ceilhes ! On sentait bien que cela allait être long et éprouvant. Mais le plus dur, c'était l'impossibilité de communiquer avec les miens. Les cartes de correspondance tout imprimées, sur lesquelles notre seule liberté se résumait à biffer les informations inutiles (en bonne santé / malade / décédé), me faisaient enrager. J'étais sans vraies nouvelles de mon petit garçon et je supportais très mal cette situation.

Une maman d'élève, mariée à un conducteur du train Paris-Limoges, me proposa de rencontrer son mari pour voir ce qu'on pouvait imaginer pour correspondre avec le Sud. Le rendez-vous eut lieu dans un café de la porte de Vitry, en présence de l'une de mes collègues. Le brave homme nous offrit de lui apporter tout ce que nous voulions : il avait une boîte aux lettres à Limoges. Le système s'est organisé ainsi, au début : je faisais passer des nouvelles pour mon fils, et mes parents me répondaient. Les deux parties de la famille étaient rassurées. Puis des amis ont commencé à me confier leurs propres lettres à faire passer en zone libre. Nous n'avons pas été longs à comprendre combien ce système pouvait être utile à la Résistance. En 1941, notre système de courrier fonctionnait parfaitement, et ne servait plus en exclusivité aux nouvelles familiales : il était devenu un moyen de diffuser tracts et journaux clandestins.

Je me rendais au petit café de la porte de Vitry avec mon sac que je remettais à mon chauffeur de locomotive. Quand Claude est revenu à Paris, c'était dans son petit cartable que je cachais le précieux courrier ; plus tard, ce fut dans le landau de ma fille Renée-France. Que de trajets entre les portes d'Ivry et de Vitry !

Ma résistance ne s'est pas faite mitraillette au poing. Certains, dont mon mari, ont exécuté des missions dangereuses, comme la pose de clous crève-pneus au passage des convois allemands, mais notre action était surtout lente et minutieuse, telle celle d'une fourmi, tournée vers la recherche de la vérité, de la liberté, une action de renseignement et d'information.

Il fallait observer une extrême prudence. En cas de problème, je savais ce qu'il fallait faire : prévenir M. Le Cercle, 17, rue Friand. Car nous n'ignorions pas ce qui se passait rue Lauriston, à la Gestapo. Pierre Brossolette se jettera par la fenêtre en 44. En mai 1942, des otages comme Politzer, Solomon et Jacques Decourtemanche seront fusillés.

Bien des responsables syndicaux avaient été déportés. Pour nous, dans la clandestinité, il était vital de reconstituer le syndicat. Certains y sont parvenus peu à peu. Bien plus tard, nous avons su que Delanoue, sa femme Marianne et Roulon étaient très actifs. Le journal du syndicat, que nous distribuions, tirait à cinq mille exemplaires, quelquefois dix mille. Les exemplaires nous parvenaient sans que nous sachions comment ni d'où, et nous les écoulions. Il arrivait même que nous en manquions, nous recopiions alors à la main tracts et journaux et les faisions passer en zone libre ou circuler dans Paris. Nous avons profité de l'aide de libraires très gentils, en particulier un libraire de la rue de Tolbiac qui nous donnait du papier quand nous en avions besoin. Certains imprimeurs avaient dissimulé des stocks et en faisaient profiter la Résistance.

Je glissais les documents dans un cartable et nous allions dans des écoles les déposer chez nos sympathisants. Cette activité souterraine a duré pendant toutes les années d'Occupation.

Outre les tracts du syndicat, nous faisions circuler les numéros de *L'Université libre*, journal communiste qui paraissait clandestinement depuis octobre 40. Mon mari connaissait Solomon, le gendre de Langevin, qui participait à la rédaction du journal.

Nous nous chargions aussi de distribuer *Notre droit*, une feuille assez personnelle écrite par notre ami Lablénie, professeur à Janson-de-Sailly. Il la rédigeait chez lui, 4, rue Paul-Saunière dans le XVIe. On la retrouvait dans tous les lycées. Douze numéros sont sortis entre octobre 40 et octobre 41. Ses propos dépassaient le champ socioprofessionnel enseignant et ses messages ont porté leurs fruits : refuser la collaboration avec les Allemands, démasquer Vichy, montrer que la défaite n'était pas irréversible, appeler les volontaires à se grouper pour lutter, le tout rédigé en phrases courtes et simples... Quand la Résistance s'est mieux organisée et s'est développée, la tâche de *Notre droit* était accomplie.

Il a cessé de paraître, pour renaître brièvement en juillet 44, appelant les volontaires à se mobiliser dans les FFI afin de prendre part à la bataille de la France. Mado, l'épouse de Lablénie, était le pivot de *Notre droit.* Elle tapait les textes à la machine, transportait le journal sur sa bicyclette et fournissait les lycées, les libraires. Un jour, la Gestapo a fait une descente rue Paul-Saunière. Chez les Lablénie, le travail battait son plein, un groupe empaquetait le journal, d'autres discutaient. Heureusement, la police s'est trompée d'étage ! Après cette effrayante alerte, chacun a redoublé de prudence.

Nous diffusions des écrits clandestins de toutes tendances et pas seulement les journaux des professions de l'enseignement. *Le Front national*, *L'École laïque*, *L'Étudiant patriote*, *Le Populaire*, *Défense de la France*... sans oublier *Témoignage chrétien*. En 1941, nous avons aussi diffusé *Libération* et *Combat*. Je recevais *Franc-tireur*, qui me parvenait de la zone libre, toujours par l'intermédiaire de notre conducteur de locomotive. Que de concierges nous ont aidés, nous servant de boîtes aux lettres ! Nous devions faire preuve d'astuce, de savoir-faire, et de sens de l'improvisation.

Une de mes collègues, Mme Guillamon, avait deux fils : Jean, polytechnicien, et Paul, saint-cyrien. Paul, délégué du général de Gaulle, recevait directement de Londres des ordres qu'il nous faisait transmettre. Nous allions souvent chez eux, avenue Reille, et notre petit Claude jouait avec le bicorne et le casoar. Mais Paul, pris et déporté, n'est jamais revenu.

Chaque année, le 11 novembre est l'occasion de célébrations nationales. Le 11 novembre 1940, de nombreux lycéens de Paris décidèrent de se rendre, malgré l'occupation allemande, à l'Arc de triomphe. À Janson, ils passèrent outre les mises en garde de leurs professeurs et rejoignirent leurs camarades des lycées Buffon, Condorcet et autres. La jeunesse remonta les Champs-Élysées, arborant le drapeau français et chantant *La Marseillaise*. Bien des professeurs étaient là aussi. Mon mari avait pour élève Olivier Giscard d'Estaing et Lablénie de son côté avait son frère Valéry, tous deux adolescents et fervents patriotes. Arrivent les Allemands, qui font feu. De nombreux manifestants furent blessés, beaucoup d'autres arrêtés, et les facultés furent fermées.

Noël 40 approchait. Il faisait affreusement froid et le moral n'était pas bien haut. Mon petit garçon était loin de moi, les Allemands, eux, étaient partout. Pour bénéficier d'un laissez-passer et se rendre en zone libre, il fallait produire un télégramme annonçant une mort ou un événement grave. Je ne pouvais bien sûr rien présenter de tel. Jouant le tout pour le tout, j'ai dit à mon mari : « C'est Noël, je vais aller demander un laissez-passer, je veux voir mon petit Claude. – Tu es folle, tu n'as aucun justificatif ! – Tant pis, j'y vais. »

Dans la longue file d'attente devant l'hôtel splendide où logeaient les Allemands au faubourg Saint-Honoré, les gens pleuraient. Une préposée allemande me demanda mon télégramme. Comprenant que je n'en avais pas, elle m'ordonna de la suivre. Fort inquiète, j'obtempérai : je n'avais pas le choix. Je grimpai un grand escalier et pénétrai dans une salle où plusieurs Allemands étaient assis autour d'une table. « Madame, pourquoi voulez-vous aller en zone libre, puisque vous n'avez pas de télégramme ? – J'ai là-bas un fils de deux ans et demi, c'est la Noël et je suis malheureuse de ne pas lui apporter son cadeau. » Ils ont affiché une mine stupéfaite, puis ont discuté un moment en allemand et j'ai senti que les choses tournaient bien. Ils m'ont demandé une photo de Claude, que j'ai présentée avec le livret de famille, et j'ai obtenu mon précieux laissez-passer. Peut-être avaient-ils eux-mêmes des enfants au loin, en Allemagne ?

J'achetai à Claude son cadeau de Noël – un jeu en bois, une charrette et deux bœufs, car il aimait particulièrement les bœufs –, je pris un billet de train, je prévins la directrice, qui était une amie, que je m'en allais retrouver mon fils et je partis pour les vacances de Noël.

J'arrivai à Ceilhes sans encombre. Quel bonheur de voir la joie de mon enfant ! « Mamanette, Mamanette, qu'est-ce que tu as dans cette valise ? » Je lui dis que le père Noël était passé à Paris en avance, et dans ses cris d'extase je sortis les bœufs. Mon beau-père monta la carriole et, à la demande de Claude, qui protestait que l'ensemble n'était pas complet, fabriqua un aiguillon. Mes parents aussi étaient heureux de me voir. Je leur racontai notre vie, les Allemands, le froid, les restrictions. Claude posait de multiples questions. Je passai là des moments de répit et de bonheur précieux.

Hélas ! il a bien fallu rentrer. Sur le laissez-passer étaient indiquées des dates d'aller et de retour à respecter scrupuleusement. Mais la neige étant tombée comme jamais dans le pays et à la gare, à quatre kilomètres de là, les trains étaient immobilisés. Je fus prise de panique, il fallait que je rentre ou que je prévienne quelqu'un au ministère, à Vichy ! Heureusement, les voies furent dégagées à temps et les gens du village purent me frayer un chemin jusqu'à la gare. Je sanglotais, ce qui désolait Claude. « Pourquoi tu pleures ? – Tu vois, je suis obligée de partir et cela me rend triste de te laisser. » Alors il s'est dressé et m'a déclaré solennellement : « Ne t'en fais pas, quand je serai grand je ferai partir Pétain. »

Mais, en attendant, c'est moi qui suis partie, les valises lourdes de victuailles : lapin, saucisse sèche, jambon, conserves. Au passage de la « ligne », toutefois, pas de problème, mes bagages ne furent pas fouillés. C'était le jour de l'An, peut-être les Allemands avaient-ils la tête ailleurs.

À la date prévue, je repris fidèlement mon poste à la porte d'Ivry. Quelques jours plus tard, nous avons reçu une visite. En cette période de pluie, spécialement froide et bien sûr sans chauffage, notre directrice était partie à la mairie chercher notre paye en me confiant sa classe de petits. Les cinq classes s'étaient installées dans le préau et à l'aide des bancs nous avions établi des cloisonnements de fortune pour délimiter chaque section. Les enfants étaient calmes. Nous avions décidé d'organiser des activités collectives, dont la gymnastique rythmique que nous pratiquions bien souvent car elle avait le mérite de réchauffer les enfants.

On sonna à la porte de l'école, et apparut notre inspectrice, une femme fort élégante. Elle semblait étonnée de me voir : « Vous êtes là, comment est-ce possible ? Vous étiez en zone libre. Quand êtes-vous rentrée ? » Comme je lui racontai mon voyage, elle me rétorqua que je n'aurais pas dû partir sans autorisation, et que je serais sanctionnée. Qu'entendait-elle par là ? J'ignorais totalement qu'une autorisation de l'inspecteur fût nécessaire, jamais nous n'avions reçu de circulaire en ce sens. Madame était furieuse.

Les enfants restaient tranquilles. L'inspection commença. « Que leur faites-vous faire ? – Nous nous sommes mises d'accord entre collègues et nous leur faisons faire des exercices qui amènent le calme. – Comment, vous ne leur faites pas faire de calcul ? – Non, nous avons cinq classes dans le même local, ce n'est guère facile. – Je vais vous montrer comment on conduit un exercice de calcul », me dit l'inspectrice. Mes collègues tremblaient tandis qu'elle attrapait des cartons portant des chiffres ; elle réclama des papiers et disposa les chiffres de 1 à 10 par terre. Installant les enfants en rond tout autour, elle leur demanda de reconnaître les chiffres, exercice idiot puisque, assis en rond, les enfants pour la plupart ne voyaient pas les chiffres dans le bon sens, mais à l'envers ou de côté. Toujours d'aussi triste humeur, l'inspectrice poursuivit sa tâche : c'était désormais au tour de mes collègues de passer sous le feu de ses critiques.

C'est à ce moment qu'arriva la directrice ; j'entendis des éclats de voix et l'inspectrice partit.

Quelques jours plus tard, je reçus mon rapport d'inspection. « Mme Allègre ne semble pas avoir pensé qu'il était possible, par une entente avec ses collègues obligées de travailler comme elle en préau où cinq classes étaient réunies, d'organiser des exercices qui profitent aux enfants et les calment... C'est bien peu d'imagination... L'intelligence se manifeste dans la capacité d'adaptation, je dois en trouver des preuves positives... »

L'affaire n'en resta pas là : comme nous en avions l'obligation, je recopiai et signai le rapport, non sans l'agrémenter d'une réponse. Par retour de courrier, je reçus cette réaction : « Je ne saurais admettre des protestations... de la part d'une institutrice débutante » (j'exerçais depuis dix ans !) « qui sans mon intervention aurait pu avoir une suspension de traitement très longue » (pour mon déplacement en zone libre prétendument sans autorisation). Elle ajouta que je n'avais pas à « discuter les conseils qu'un chef a le devoir de donner ». « Si Mme Allègre persiste... » J'ai persisté et le directeur de l'enseignement primaire qui faisait partie de la Résistance avec mon mari a finalement arrangé l'histoire.

Peu de temps après cet incident, alors que chacune avait repris sa classe, la même inspectrice nous amena les candidates à l'examen de direction, dont une partie allait se passer dans ma classe. Je prévins mes collègues : « Je vais vous sortir un exercice de calcul que je vous demande de critiquer sans hésiter ! » Je proposai alors aux enfants l'exercice de calcul préconisé par l'inspectrice lors de sa précédente visite, qui bien sûr fut critiqué par mes collègues, à juste raison. L'inspectrice n'a pas été dupe : « C'est une vengeance de Mme Allègre. »

À la Libération, quand nous nous sommes retrouvées l'une et l'autre actives dans le même mouvement, j'ai su le fin mot de l'histoire : étant donné la facilité avec laquelle j'avais obtenu mon laissez-passer, elle avait cru que j'étais une collaboratrice et voulait à tout prix me sanctionner...

Cette inspectrice a commencé à percevoir la vérité deux ans après nos si mauvais débuts, alors que j'étais enceinte de ma fille. Elle arriva un jour à l'école, à l'improviste. Sur les murs de tous les préaux devaient trôner le portrait de Pétain et celui de Laval. Or, chez nous, ce dernier brillait par son absence. Elle en fit la remarque à la directrice, qui se tourna crânement vers elle en déclarant : « Madame l'inspectrice, j'ai ici une femme enceinte et je n'ai pas envie qu'elle accouche d'un monstre. » L'inspectrice a alors pensé qu'elle s'était peut-être trompée à mon sujet. Mais elle a insisté : « Vous avez bien mis Pétain, pourtant. » Alors la directrice, faisant venir quelques petits de ma classe, leur a demandé : « Qui est ce monsieur, là-haut au mur ? – C'est un flic, Madame. » Là, l'inspectrice a saisi que je n'étais pas du mauvais côté. C'est d'ailleurs elle qui, en 1945, me ferait passer l'examen de direction.

Je n'ai jamais, de tout le temps qu'a duré l'Occupation, fait chanter aux élèves *Maréchal, nous voilà*, chant pourtant obligatoire.

La directrice, une résistante, disposait d'un atout notoire du fait qu'elle comprenait parfaitement l'allemand. Quand notre école a été occupée par les Allemands, elle leur a joué bien des tours. Un jour, alors qu'ils lui demandaient de lui indiquer les douches de l'école, elle les a envoyés place d'Italie !

L'ambiance était néanmoins à la suspicion : impossible de savoir avec certitude qui pensait, qui faisait quoi, tant parmi les enseignants que parmi les parents d'élèves. Les enfants souffraient de l'Occupation à cause du manque de ravitaillement. Quand ils posaient des questions, nos réponses se faisaient très prudentes. Mais la majorité autour de nous était du même côté.

Rester séparés de Claude, maintenant âgé de quatre ans, était bien difficile pour lui comme pour nous et nous aspirions tous à être réunis. En avril 41, nous sommes rentrés des vacances de Pâques en le ramenant. Il a d'abord montré beaucoup de surprise au vu des changements qu'il pouvait constater dans la capitale occupée. Puis il est allé à l'école de la rue Daviel, dont la directrice était une amie. Là, en revanche, tout lui était familier. Il récitait à tout le monde les poèmes et les fables qu'il avait appris avec son père, mais pleurait à l'évocation du pélican ouvrant ses entrailles pour nourrir ses petits. Il aimait chanter et connaissait par cœur *La Marseillaise* et *L'Internationale*, il charmait ses auditoires avec cet accent du Midi qui s'était bien développé pendant son séjour prolongé à Ceilhes. Il m'accompagnait souvent à l'école de la porte d'Ivry, son petit cartable gonflé des tracts clandestins rapportés par mon mari de Janson-de-Sailly et que nous portions à notre conducteur de locomotive. Je reconnais, avec le recul, une certaine inconscience de ma part, mais la Résistance passait avant tout.

Un jour, rue Daviel, Claude déclara à la directrice : « Tu sais, notre maîtresse, elle est *cabourde*. » La directrice – qui ne connaissait pas la langue d'oc ! – me rejoignit à la maison avec le petit et me demanda la signification de ce mot. C'est un terme un peu péjoratif qui signifie « un peu fou, cinglé ». « Et pourquoi as-tu dit que la maîtresse était *cabourde* ? – Elle nous donne de la peinture, un pinceau, un *pelliot* [1], et tu sais ce qu'elle fait, elle, pendant qu'on peint ? Avec sa petite bouteille pleine de peinture et un tout petit pinceau, eh bien, elle en met sur ses ongles et elle remue les mains comme ça, je te dis qu'elle est *cabourde*. »

En octobre 41, nous avons encore gardé Claude avec nous à Paris. L'hiver précédent avait été si rude que nous avions pris nos précautions et nous étions organisés pour le chauffage. Nous avions installé dans notre petit logement de la rue Daviel un gros poêle à sciure. C'était un cylindre d'environ 40 cm de diamètre et 80 cm de hauteur, muni d'un tuyau central relié à la cheminée, autour duquel on tassait la sciure avant d'allumer. La combustion durait à peu près huit heures et la chaleur dégagée faisait la différence. Mais l'opération de vidage des

1. *Pelliot :* chiffon.

cendres fines, qui se répandaient au moindre courant d'air et recouvraient les meubles, était une corvée pénible et délicate. Dans la cave s'empilaient des dizaines de sacs de cinquante kilos de sciure. Contrairement au charbon, dont nous ne pouvions obtenir que cinquante kilos par mois, la sciure n'était pas rationnée. Nous réservions le charbon pour un petit poêle.

À Pâques 1942, nous avons de nouveau laissé Claude à Ceilhes. Là-bas, il ne souffrirait pas des restrictions, il ne serait pas mis en danger par nos activités clandestines et pourrait aller et venir en liberté.

Le maquis autour de Ceilhes était assez actif, ravitaillé par les paysans. Pourtant, la fille de l'un d'eux, Mimi, grande admiratrice de Pétain contrairement au reste de sa famille, aspirait à entrer dans la milice. Un soir, bien tard, on frappa à sa porte. Un jeune inconnu voulait lui parler. On la réveilla, c'était urgent. Le jeune homme, hagard, supplia la jeune fille : « N'entre surtout pas dans la milice. Si tu savais ce qu'ils nous forcent à faire... Je ne pourrai pas le supporter longtemps. » Cette nuit-là, il a raconté à Mimi les exactions dont il se rendait coupable avec sa bande. Elle a soigneusement gardé le secret sur ces révélations et n'a pas rejoint les rangs de la milice. Peu après, en effet, le garçon se suicidait.

D'autres, au village, se montraient peu scrupuleux. Un jour, au cours de vacances d'été, je vis sortir de la mairie une ancienne camarade d'école, toute rouge, décoiffée et tout excitée. Elle brandissait triomphalement un bon de chaussures. Comment avait-elle obtenu cette denrée rare ? Facilement : en se laissant *poutougéner* par le secrétaire de mairie, en le laissant lui *paoupéger* [1] les seins ! Écœurée, je lui ai répondu que si les chaussures étaient à ce prix, je préférais marcher pieds nus.

Ces comportements, ces complaisances étaient monnaie courante à Paris aussi, bien sûr, et les Allemands les ont exploités sans vergogne.

À Ceilhes, Claude partait dans les champs avec son grand-père, et participait activement aux travaux de la ferme. Il aimait les animaux, surtout les bœufs, comme nous l'avons vu ; il connaissait chacun d'eux par son nom. À l'annonce de la mort d'un paysan, M. Bernat, le voilà qui fond en larmes. On le console, mais ce n'est pas sur le maître qu'il versait des larmes, c'était sur les bœufs : qu'allait-il advenir d'eux ?

Il avait la violence en horreur et défendait toujours ses camarades, bien formé par Baptiste, épris de justice, et par son grand-père paternel, radical-socialiste. Bien plus tard, ses héros seront Gandhi et Lincoln, dont les portraits et les écrits accompagnèrent toute son adolescence. Je crois même qu'ils trônent encore aujourd'hui dans son bureau au ministère. Pendant la guerre, il a ainsi passé une grande partie de l'année à Ceilhes et à Prades, menant cette vie de petit paysan qui lui convenait parfaitement. Il y a acquis le goût du travail, dans une conscience socialiste. Quand nous étions avec lui pendant les vacances, son père l'emmenait dans la campagne

1. *Paoupéger :* tripoter.

pour ses expéditions géologiques, et voilà notre garçonnet, muni de son petit marteau de géologue, cherchant cailloux et fossiles. Sa carrière de géologue, c'est à Ceilhes qu'elle est née. Il courait partout et n'était guère prudent… mais son cœur tenait le coup.

Pendant ce temps-là, à Paris, nous poursuivions nos activités. Au lycée Marcelin-Berthelot, où enseignait mon mari depuis 1941, beaucoup d'enseignants s'étaient engagés dans la Résistance dès le premier jour. Ils avaient constitué des équipes de sabotage qui fabriquaient ces clous crève-pneus que j'ai déjà mentionnés, et qu'ils allaient jeter sur le passage des convois allemands, ou changeaient les panneaux de signalisation pour que les convois se perdent. Mon mari faisait partie de ces petites équipes très mobiles. J'étais au courant de ces activités, mais je ne connaissais personne de l'équipe. Ils avaient tous des pseudonymes.

La vie devenait dangereuse. Les arrestations se multipliaient, beaucoup des nôtres étaient pris, beaucoup fusillés : Politzer, Jacques Solomon, le gendre de Langevin, et bien d'autres. Nous apprîmes que Decourtemanche aussi venait d'être fusillé. Je connaissais bien Politzer dont j'avais côtoyé la femme, Maya, à Bagnolet où elle était assistante sociale et où son fils avait été mon élève. Cette superbe Maya a été déportée et n'est jamais revenue.

Mon mari rentrait de plus en plus tard le soir, le groupe de sabotage redoublait d'activité. Les journaux clandestins continuaient à sortir, malgré la pénurie de papier.

Étions-nous conscients du danger ? Un incident allait nous rappeler à plus de prudence. En ce mois de mai 1942, le système de diffusion des tracts du syndicat clandestin des instituteurs était rôdé depuis longtemps. Le plus souvent, j'ignorais leur contenu précis – ainsi que le contenu des plis que je faisais passer à la Résistance en zone libre. Les femmes de notre réseau avaient un rôle assez effacé, un peu subalterne. C'étaient les hommes qui menaient le combat et ils n'aimaient guère que les femmes jouent un rôle actif.

Ce jeudi-là, ma cousine Andrée se trouvait chez moi avec ses deux petites, Françoise et Anne. Elle m'apportait du courrier à faire passer à la famille. Jean Camps, un professeur d'université, avait le matin même apporté des tracts à faire circuler en zone libre et du courrier pour la Résistance. J'avais caché les tracts sous un chien en plâtre qui trônait sur la cheminée.

Il y a certainement eu dénonciation, mais par qui ? Nous ne l'avons jamais su. Mon mari travaillait à son bureau – le concours de l'agrégation avait été suspendu pendant la guerre, mais cela ne l'empêchait pas de le préparer. Notre petit logement du 20 rue Daviel, à côté de l'école, était tranquille. On frappa à la porte, j'allai ouvrir et je me trouvai face à deux hommes coiffés d'un chapeau noir dont l'un me dit, dans un français excellent et en me présentant un papier : « Madame, police, ordre de perquisition, est-ce que Monsieur Allègre est là ? – Attendez, je vais voir s'il peut vous recevoir », lui répondis-je très naturellement. Je leur fermai la porte au nez et me précipitai vers ma cousine : « Jean Camps est venu ce matin apporter des tracts, et puis il y a les tracts que Roger rapporte du lycée, ils sont sous le chien. La Gestapo est là. » Elle se précipita et enfourna les tracts dans son décolleté.

J'allai voir mon mari et lui annonçai l'arrivée de la police. Il est devenu aussi blanc que le mur. J'insistai : « Oui, une perquisition. » Je n'avais pas eu le temps de l'avertir que j'avais reçu des tracts. Il est allé ouvrir, a fait entrer les hommes. « Ordre de perquisition, qu'est-ce que vous faites ? – Comme vous le voyez, je prépare l'agrégation. » Et le voilà qui explique ce que c'était que l'agrégation. Ils ont procédé aux investigations, fouillant notre bibliothèque, feuilletant nos livres un par un, nos dossiers, soulevant le chien sur la cheminée. Le divan et la salle de bains n'y échappèrent pas plus que la chambre et les armoires avec leurs piles de draps et de serviettes.

Ma cousine demanda à aller aux toilettes et en profita pour évacuer le contenu compromettant de son corsage. À la fin, ils se sont dirigés vers la porte, nous ont regardés : « Tenez-vous tranquilles. » À ce moment-là, mon mari ne trouva rien de mieux à leur dire que : « Il y a la cave, aussi. » Du coup, c'est moi qui ai pâli. « Non, non, ça ne nous intéresse pas », et ils sont partis. « Qu'est-ce que tu aurais fait s'ils y étaient allés, à la cave ? » Elle était pleine de choses prohibées, comme les clous crève-pneus à trois pointes cachés sous les fameux sacs de sciure. « Tu ne crois tout de même pas que je les aurais emmenés dans notre cave ! J'aurais été dans la cave des Oldenbourg, elle est vide. »

Que s'était-il passé ? Qu'allait-il se passer maintenant ? Il était urgent de s'en préoccuper. Une de mes collègues à l'école, Mme Albertini, était mariée à un homme occupant un poste élevé aux renseignements généraux. Nous nous rendîmes chez lui sur-le-champ et, en son absence, expliquâmes la situation à sa femme. Dès le lendemain, en l'absence de Roger qui suivait des cours à l'École normale supérieure, il se présentait chez nous, fort préoccupé. « Je vais attendre votre mari, la situation est très grave. Vous figurez sur une liste d'otages et votre mari est catalogué comme communiste. Appartient-il au Parti communiste ? – Certainement pas, vous pensez bien que je le saurais. » Je lui certifiai que bien sûr nous lisions, avant la guerre, *L'Œuvre* et *Le Canard enchaîné*, mais n'étions ni l'un ni l'autre membres du Parti. Mon mari arriva sur ces entrefaites et confirma mes dires. M. Albertini nous informa alors : « Vous avez été inscrits sur une liste d'otages. Si on tue un Allemand, vous êtes en tête tous les deux pour les représailles. Je vais voir ce que je peux faire. »

Quelque temps plus tard, il est de nouveau entré en contact avec nous : « Tout est arrangé. » Je ne saurai jamais comment il nous a fait disparaître de la liste d'otages, mais il nous a sauvé la vie et nous lui devons une très grande reconnaissance. Il est mort maintenant, les événements nous ont séparés et je n'ai eu de ses nouvelles que près de cinquante ans plus tard. Je sais qu'en vrai résistant de l'ombre, il a sauvé plusieurs personnes pendant l'Occupation. Comme lui, tous les policiers n'ont pas toujours suivi les ordres allemands. Une famille de nos amis a été sauvée de l'enceinte même du Vel'd'Hiv grâce à des policiers. Quand elle y est arrivée après la terriblement célèbre rafle du 16 juillet 1942, la mère d'un ami a été prise à part par un policier qui lui a dit : « Qu'est-ce que vous faites là avec un bébé sur les bras et tous vos enfants ? Sauvez-vous, allez vous cacher, filez, partez ! » Ils ont survécu, mais pas son mari, qui était resté sur place.

À la Libération, en tant que responsable militaire du Front national universitaire [1], mon mari a procédé à de longues recherches pour comprendre qui nous avait dénoncés, mais en vain.

Dans ma famille, on n'était pas pétainiste, loin de là. Le terrain anti-allemand, chez les paysans, était fertile. Tous les anciens voulaient se venger des Allemands, qui les avaient humiliés en 70 en prenant l'Alsace, la Lorraine et l'or. Mon grand-père, grand admirateur de l'empereur Napoléon III, comme je l'ai déjà précisé, nous disait que le second Empire avait été faste pour les paysans, une période riche, pendant laquelle s'étaient construites ces belles fermes encore ornées des meubles qu'on retrouvait alors dans les campagnes. Pour compléter leurs haines et la mienne, il y avait eu la guerre de 14-18. Mon grand-père me faisait apprendre : « Vous avez pris l'Alsace et la Lorraine, mais notre cœur, vous ne l'aurez

---

1. Le Front national universitaire, créé en mai 1941, recruta abondamment en 1944 et devint à la fin de la guerre le groupe de Résistance le plus important. Créé sur l'initiative du Parti communiste, il comprenait de nombreux non-communistes. (NDE.)

jamais. » J'avais été élevée dans cette atmosphère. Mon rôle de facteur me permettait en outre de prendre ma revanche sur les « boches » qui avaient endeuillé mon enfance en tuant mon père. Au début, la résistance avait peut-être été ma façon de me venger et de venger ma famille, puis, au fil des mois et des années, elle est devenue un engagement véritable contre la barbarie nazie.

À la fin du mois de mai 42, les règles régissant la vie des juifs étaient devenues draconiennes : port de l'étoile jaune obligatoire à partir de six ans, interdiction de sortir après 20 heures, de changer de domicile sans en avertir les autorités... L'école de la porte d'Ivry avait été occupée par les Allemands et nous en avions été chassées. La directrice avait demandé l'école de la rue de la Tombe-Issoire, dans le XIVe arrondissement, et je l'avais suivie. Je me souviendrai toujours de l'arrivée des petits juifs de six ans avec leur étoile jaune. Certains gamins se sont moqués, ont poussé des cris ironiques. Nous avons réagi tout de suite. La directrice a pris du papier glacé jaune dans l'armoire aux fournitures et nous avons découpé des tas d'étoiles. C'était un exercice difficile. Nous nous sommes tous collé des étoiles partout. Nous étions tous devenus juifs comme les petits Samuel, Sido, Micheline. Ils étaient heureux de n'être plus seuls ! À la sortie, chacun a rangé son étoile dans sa poche. Nous n'avons reçu aucune critique des parents, qui au contraire nous ont soutenues. Mais quelques mois plus tard, mes petits à l'étoile jaune sont partis pour ne jamais revenir. Nous ne savions pas à l'époque qu'ils étaient déportés dans des camps de concentration, nous les croyions partis pour des camps de travail. Leur sort n'a été connu qu'après la guerre.

Nos voisins de la rue Daviel, les Comoda, étaient juifs. Le papa se cachait en province. Un jour, la police est venue arrêter toute la famille : Mme Comoda, sa sœur et la petite Suzanne, qui avait été mon élève à l'école d'à côté. Je proposai à la maman de garder Suzanne, qui resta ainsi quelques jours avec nous, jusqu'à ce que sa mère vienne la chercher, encadrée par deux policiers. La pauvre femme avait révélé l'adresse de la cachette de son mari. Bien sûr, personne n'est revenu. Peu après, la concierge vidait l'appartement...

Le rationnement touchait le pain, la viande, le beurre, l'huile. Les pâtes et les œufs étaient introuvables. Un bon pour les chaussures, une carte de vêtements, plus de bas. Les chaussures à semelle de bois firent leur apparition. Les Allemands, quant à eux, disposaient de tout, nourriture et habillement. Et ils en faisaient profiter les collaborateurs.

Ma mère nous envoyait des colis, un lapin dans la graisse, des conserves, ce qu'elle pouvait. J'arrivais en outre, à la grande fureur de mon mari, à passer de la nourriture en fraude quand nous revenions de Ceilhes. J'ai toujours réussi à passer des valises pleines de ravitaillement, je n'ai jamais été fouillée dans les gares à ces moments-là. Mon mari, en revanche, échappait rarement à ces investigations.

Nous allions dans le Midi pour les congés, car nous étions l'un et l'autre officiellement domiciliés à Ceilhes, en zone libre, mais « étudiants » à Paris, ce qui nous donnait le droit à un laissez-passer pour les vacances. Mon mari était étudiant, en effet, mais pas moi : j'avais pris une inscription en faculté de droit, pour bénéficier de ce statut.

À la campagne, les gens arrivaient à se nourrir. Pour mes beaux-parents, qui habitaient à Prades, près de Montpellier, le ravitaillement était cependant plus difficile. Mon beau-père venait souvent à Ceilhes. Les gens s'organisaient, échangeaient : Prades troquait son vin contre les fromages ou la viande de Ceilhes. Mon beau-père, qui ne fumait pas et avait six enfants à nourrir, utilisait son tabac comme monnaie d'échange pour des victuailles. À Ceilhes, on n'avait pas de farine, mais des cousins de Baptiste possédaient les Grands Moulins de Saint-Affrique et approvisionnaient ma famille. Le café, denrée rare, était mélangé à des grains d'orge. Quant au savon, il était fabriqué avec de la graisse de bœuf et de la soude. Tout étant rationné, nous avions conseillé à ma mère de faire des provisions diverses. J'ai ainsi retrouvé à sa mort, cinquante ans plus tard, du savon de 1939 dans ses placards !

Les professeurs de Marcelin-Berthelot avaient découvert un restaurant dans le XVe arrondissement où ils décidèrent de prendre un repas. Nous étions une trentaine de convives. Le repas était gai. Nous avons même chanté *La Marseillaise*. Comment oublier cette soirée, avec

Léopold Sédar Senghor [1], qui était professeur au lycée, Kutzner, un Alsacien, professeur de dessin qui avait fui sa région au moment de l'annexion par les Allemands, et l'aumônier du lycée, un homme drôle et chaleureux. Si les Allemands avaient fait une descente dans notre restaurant, ils ne seraient pas repartis bredouilles ! On nous servit un dîner plus que correct pour l'époque. Je m'aperçus au bout d'un moment que mon mari ne mangeait pas, lui qui était plutôt un gros mangeur. Je m'en inquiétai : « Pourquoi ne manges-tu pas ? C'est bon, c'est de l'agneau, tu n'es pas malade au moins ? – Non, non, mais je ne me sens pas très bien », me répondit-il, évasif. Tout à coup, Senghor se leva et claironna : « Dis donc, Allègre, on ne serait pas en train de manger du chien ? » Il agitait un os et mon mari se mit à rire. Senghor insistait, son os à la main. Mon mari, professeur de sciences naturelles, avait reconnu l'animal que nous étions en train de savourer...

Claude a ainsi continué ses allers et venues entre Paris et Ceilhes. En 1943, avant la naissance de Renée-France, il a passé la plus grande partie du temps là-bas, chez ma mère, où il se plaisait beaucoup. Quant à moi, j'étais plus tranquille. Les va-et-vient entre le Midi et Paris, entre les grands-parents et les parents, lui convenaient parfaitement. À l'école de la rue Daviel, il faisait la joie de ses institutrices avec son accent et ses expressions languedo-

1. Le poète sénégalais, futur chef d'État (1960-1980), sera également élu à l'Académie française (1983). (NDE.)

ciennes, avec ses poèmes appris auprès de son père et qu'il aimait tant réciter. À Ceilhes, il vivait au grand air, près de la nature, avec un grand-père attentif ; à Prades, chez ses grands-parents paternels, dans les vignes et la garrigue, dans une famille nombreuse, avec des oncles, des tantes. Puis il retrouvait Paris, l'école de la Tombe-Issoire, le cours préparatoire et l'apprentissage de la lecture. Et, de temps en temps, il descendait comme nous tous aux abris, au gré des alertes. À la rentrée scolaire de 1943, il expérimenta le système des notes, qui déclencha sa fureur. Comment pouvais-je me montrer convaincante en lui expliquant la valeur de la notation, moi qui y étais si farouchement opposée ! J'étais désolée de constater qu'il ne se plaisait nullement à l'école.

Octobre 1943, c'est le creux de la guerre, la période de pleine activité de la Résistance. Le couvre-feu est fixé à 9 heures du soir. C'est la fin de ma deuxième grossesse et les premières douleurs. Le médecin que je fais prévenir me dit qu'il ne pourra pas venir m'accoucher car il habite trop loin. Mais il m'envoie un jeune confrère du voisinage. À 2 heures du matin, le 22 octobre, il met au monde ma fille Renée-France (« renaît la France »). Mais le couvre-feu l'a contraint à attendre six heures pour rentrer chez lui ! Un mois plus tard, Claude chantait des chansons à sa petite sœur, qui le ravissait, et a eu droit à son premier sourire. Pour le baptême de Renée-France, nous avons réussi malgré les restrictions à faire confectionner par notre pâtissière, membre de notre réseau de « boîtes aux lettres », une pièce montée.

Après sa naissance, en tant que mère de deux enfants, j'ai obtenu une carte de priorité pour le ravitaillement des denrées non rationnées. Je pouvais ainsi avoir un cageot de cerises ou de carottes, ou bien des choux. Mes collègues gardaient mes enfants et ma classe tandis que je faisais la queue pour toutes avant que nous ne partagions ce que je rapportais.

On manquait de chaussures, et Claude, comme tous les enfants, portait des galoches à semelles de bois. Ma mère s'inquiéta : « Pourquoi lui as-tu mis des galoches ? Il va se casser une jambe, il marche très mal. » Ce fut le cas en effet, au tout début de janvier 44, deux mois après la naissance de sa petite sœur. Cette période de totale immobilisation, Claude l'a vécue comme un pacha. Sa grand-mère est venue s'occuper de lui, il est resté allongé pendant cinquante jours, la directrice lui apportait des livres qui lui permettaient d'assouvir son appétit de savoir, le directeur de l'école d'en face venait lui rendre visite, il continuait d'apprendre ses chers poèmes, il prenait sa petite sœur dans les bras et l'amusait, il était ravi : il n'allait pas à l'école. Nous l'avions placé à côté d'une fenêtre de notre appartement, situé au rez-de-chaussée, et il en profitait pour discuter avec tous les passants.

La fin de la guerre approchait. Nous sûmes que Lapierre, l'ancien secrétaire général du Syndicat national des instituteurs, avait été arrêté dans le petit village où il était caché. Déporté à Dachau, lui non plus n'est pas revenu.

Apprenant, avec la joie qu'on imagine, le débarquement allié en Normandie, j'ai décidé de conduire nos deux enfants chez mes parents pour les mettre à l'abri. On me donna l'autorisation de partir à condition que je prenne avec moi un convoi d'enfants du XXe arrondissement que l'on voulait évacuer. Me voilà donc partie avec mon fils de sept ans, ma fille de huit mois et vingt enfants. Nous devions nous rendre à Guéret, dans la Creuse ; là, des cars prendraient les enfants en charge et mon beau-père nous attendrait pour nous amener dans la famille. En gare de Guéret, il n'y avait pas le moindre car pour les enfants... Nous dûmes passer la nuit dans le wagon, on verrait le lendemain. Des volontaires de la Croix-Rouge nous apportèrent du ravitaillement et certaines femmes passèrent la nuit à bord de notre wagon qui résonnait de pleurs. Deux jeunes filles, me voyant au milieu de ce tintamarre et de ces larmes, me disent : « Vous n'allez pas garder votre fils et votre bébé, nous allons les prendre chez nous et nous en occuper. Demain, on vous les ramène. Nos parents ont les PUF. » Elles emmenèrent Claude et Renée-France, me laissant m'occuper de mes petits Parisiens. Je n'ai compris que plus tard qu'en disant PUF, elles faisaient allusion aux Presses universitaires de France. Ainsi, pendant toute la nuit, je me suis demandé où étaient mes enfants. Et comment rejoindre le Midi ? Mon beau-père qui était censé venir m'aider devait être en rade je ne savais où. Il est arrivé au matin. L'épopée dura quatre jours.

Les Allemands tuaient, pillaient, brûlaient, massacraient les maquisards. Même à la campagne, le ravitaillement était maigre. Une amie, qui avait une ferme au village de mon père, à 10 km de Ceilhes, tuait de temps en temps un mouton que nous nous partagions équitablement entre quatre familles. Nous partions à bicyclette tôt le matin pour en prendre livraison. C'était l'occasion d'une journée à la ferme. En redescendant, en passant à la gare, nous tombâmes sur Baptiste qui nous attendait pour nous prévenir de la rumeur selon laquelle les Allemands allaient occuper Ceilhes. Ils étaient, paraît-il, dans les bois, démolissant tout sur leur passage. Ma mère était affolée, tout le monde s'inquiétait, la population se cachait, notre voisine avait emmené Claude et Renée-France dans les bois. Mon beau-père n'en croyait rien : Ceilhes est un cul-de-sac où, selon lui, les Allemands ne se risqueraient pas. Mais devant l'affolement général, il était venu à notre rencontre. Bien sûr, les Allemands ne sont pas venus, mais tout le village a su que nous étions partis chercher un mouton ! C'était la panique de la fin de la guerre.

Claude vivait tout cela confiant, comme une belle aventure. Son grand-père, qui avait fait la Grande Guerre, était là pour le protéger.

C'est à Ceilhes que j'ai appris la Libération de Paris. J'étais sans nouvelles de mon mari qui assurait la liaison entre les barricades de la rue Saint-Jacques, de la rue de la Harpe et du boulevard Saint-Michel. Robert Debré [1]

1. Professeur de médecine, grand pédiatre français (1882-1978). (NDE.)

apportait les soins aux blessés. Le 26 août, Roger s'est porté volontaire pour aller se battre aux Pavillons-sous-Bois. Ces journées insurrectionnelles d'août 44 ont consacré la structuration du Front national universitaire qui fut présidé par notre ami Lablénie. Roger fut responsable de sa commission Effort de guerre.

Je suis rentrée au mois de septembre pour reprendre mon poste.

Après l'été 44, la question de la scolarité de Claude me préoccupait. Il entrait au cours élémentaire et je ne voulais pas le laisser dans une école traditionnelle, avec ses notes, ses classements et ses punitions, auxquels manifestement il ne s'adaptait pas. Mon ancienne inspectrice, Mlle Bardot, me suggéra le collège Sévigné, établissement non confessionnel aux méthodes pédagogiques intéressantes, et pour lequel mon statut d'institutrice laïque me dispensait des frais de scolarité. C'était un peu loin de la rue Daviel, mais la circulation à cette époque était quasiment inexistante et Claude s'y rendait à pied de bon cœur.

Combien j'ai apprécié ce collège Sévigné ! La pédagogie y était ouverte, inventive et souple, une pédagogie telle que je la voyais. Les enfants travaillaient en petits groupes, les enseignants concevaient leur pédagogie en équipe, les élèves apprenaient à poursuivre des recherches personnelles et à les partager avec le groupe. Claude y a passé de très riches moments. En histoire par exemple, pour un thème d'étude sur les Gaulois, il avait entrepris de semer du blé dans une bassine à la maison, de construire une charrue en carton et en bois, puis une hutte. Pendant ce temps, d'autres enfants étudiaient les Romains, d'autres l'époque de Charlemagne, et chacun partageait son savoir et ses réalisations. Pour chaque élève, un graphique indiquait ses progrès et ses faiblesses, lui permettant de se juger et de s'améliorer : j'aurais tant aimé que cette méthode d'évaluation se généralise...

Je me suis toujours réjouie que Claude ait été élevé dans un milieu enseignant, attentif aux progrès, aux accidents de parcours, cherchant des méthodes appropriées pour les enfants qui n'entraient pas vraiment dans le moule. La personnalité du maître jouait un grand rôle dans ses résultats. Dès l'école maternelle, il m'écrivait des lettres que j'ai toujours gardées. À l'école primaire, on le trouvait un jour premier, un jour avant-dernier de la classe. Il était remuant, il avait besoin de « faire », d'expérimenter, et déjà son franc-parler et son indépendance lui jouaient bien des tours !

Une vie trépidante nous attendait en cette fin d'année 44 et en ce début 45. Il fallait reconstruire l'école, l'université. La France renaissait. L'après-guerre s'organisait. Nous avons connu alors un certain nombre de règlements de comptes. Puis a commencé le long processus d'épuration. Mon mari faisait partie du Deuxième Bureau. Avec le lieutenant Chabut, il était chargé de procéder à des perquisitions chez des collaborateurs notoires du Ve arrondissement.

En août 1945 était né Henri, notre troisième enfant, à Saint-Affrique, en Aveyron. L'appartement de la rue Daviel était devenu trop petit. C'est alors que mon inspectrice me suggéra de passer l'examen de directrice d'école maternelle. J'ai donc été directrice d'école à trente-trois ans avec pour principale motivation, au départ, de bénéficier du logement et, surtout, du chauffage.

III

1945-1999

Dans, avec, par et pour l'école

Ceux de ma génération, qui sortirent jeunes adultes de la guerre, comprendront l'ardeur avec laquelle nous avons abordé les années dont je vais raconter les temps forts. Mais y en eut-il de faibles ? Les combats que nous avons menés à tous les niveaux, en particulier pour l'enseignement, ne sont pas à mes yeux plus importants que ce qui a été accompli jour après jour dans chaque classe de l'école maternelle. Tout ce que j'avais pu glaner dans mon enfance méridionale s'est retrouvé, intact, dans ma maturité citadine. Et je n'aurais pu choisir meilleur métier pour transmettre, à mes propres enfants comme aux centaines de ceux qui me furent confiés, ce viatique reçu de ma terre et de ma famille : le goût de la vie, trésor si durable à qui le découvre tout jeune, dans les plus simples activités quotidiennes.

Les bâtiments de l'école de Champigny où je fus nommée directrice dataient de 1880 et nous y serions bien logés. Mes trois enfants – neuf ans, six ans, et quelques mois – allaient enfin avoir une chambre. Claude, avec son énergie et son caractère bouillonnant, pourrait jouer, courir aux alentours et s'aventurer dans les carrières avoisinantes, propices aux découvertes. C'était la campagne tout près de Paris. La rue peu encombrée accueillait des bandes d'enfants. L'école primaire jouxtait l'école maternelle et Claude y a eu des maîtres remarquables.

Désormais agrégé, son père enseignait au lycée Charlemagne. Les cours qu'il devait préparer, ainsi que son élection au conseil municipal, lui laissaient moins de temps pour nos enfants, qu'il congédiait d'un « laissez-moi travailler ! ». Pendant sa petite enfance, Claude avait bénéficié d'un papa étudiant et disponible pour des expéditions de géologie estivales comme pour les discussions sur la guerre. Sa sœur et son frère n'ont pas eu la même chance. Les questions inlassables des petits se heurtant parfois à notre agacement ou à notre impatience, ils en ont conçu un vrai rejet pour la géologie et la politique ! Henri et Renée-France ont souffert de notre absence, de notre manque d'attention, ils se sont sentis peut-être abandonnés. Heureusement, ils trouvaient en l'école une deuxième famille. Elle était leur foyer, et les femmes de service, les institutrices et les cantinières de secondes mamans, de grandes sœurs. Nos enfants ont été élevés par l'école. Elle fut leur maison, et la cour leur terrain de jeux.

En 1946, en prévision de la Fête des mères, la circonscription de Champigny / Joinville / Saint-Maur avait organisé un concours de rédaction. Claude était décidé : « Mamanette, j'aurai le premier prix, je ferai le meilleur devoir. » Ce fut le cas en effet, mais son succès embarrassa l'inspecteur et les collègues. N'allait-on pas dire : « C'est parce qu'il est le fils de Mme Allègre » ? L'inspectrice m'appela pour me confier ses craintes. Nous comprenions la délicatesse de la situation, mais je ne voulais pas que l'on prive Claude de son succès. Alors, j'ai versé la somme de 500 F – le montant du prix – pour qu'un lauréat soit déclaré ex-æquo.

La générosité et l'esprit de justice ont toujours animé nos enfants, et Claude le premier. J'ai en mémoire tant d'anecdotes touchantes ! Je me rappelle notamment ce jour qui vit Claude revenir de l'école scandalisé d'avoir été classé avant-dernier. Comme je m'appliquais à le consoler en l'assurant qu'il ferait mieux la prochaine fois, j'ai fini par comprendre ma méprise : ce qu'il voulait, c'était être le dernier. Sinon, la place infamante échouerait à son copain qui, contrairement à Claude, se ferait terriblement gronder. Un mois plus tard, pour me faire plaisir, il avait redressé la situation et était troisième. Un autre jour, il me réclama avec force des bas tricotés, qu'il me fallut demander d'urgence à sa grand-mère de lui confectionner, et en laine... Mais pourquoi ? Parce qu'un de ses camarades en étant affublé, les autres se moquaient de lui. Si le fils de la directrice de la maternelle était lui aussi équipé de bas de laine, pensait Claude, personne ne se moquerait plus du petit garçon.

À ces joies intimes et familiales se mêlaient étroitement des activités d'intérêt général portées par l'enthousiasme de l'époque. Nous reconstruisions la France et refaisions, après le désastre de la Deuxième Guerre mondiale, le monde tout entier. De la marche de l'école à celle du syndicat, de la vie quotidienne aux grands courants d'idées, rien ne nous semblait accessoire, tout mobilisait notre énergie.

L'école maternelle de Champigny comportait quatre classes, dont quatre maîtresses étaient donc responsables, auxquelles s'ajoutaient le personnel de service, la femme qui préparait les repas dans l'école même et la concierge. Au début, n'étant pas déchargée de classe, j'avais choisi la classe des bébés que je pouvais confier à la femme de service quand j'étais retenue par mes tâches de direction. Les bâtiments étant insuffisants, ma classe logeait dans le préau. Cette situation ne pouvait durer. La municipalité a consenti rapidement à construire un baraquement dans un terrain vague en face de l'école, libérant ainsi le préau pour la danse rythmique, le chant et les fêtes.

Une directrice d'école est une institutrice comme les autres, à ceci près qu'elle est chargée de la partie administrative. Ce rôle, que j'ai assumé pendant trente-cinq ans, n'est pas facile à tenir. Il y a toujours eu une rivalité entre les directeurs d'école et les instituteurs, qui craignent d'être brimés par un de leurs collègues. Le grade de directeur d'école n'existait pas à mon époque, pas plus que le traitement correspondant, même s'il fallait réussir un examen pour devenir directeur. Cette tâche, pourtant délicate et importante, ne nous valait que des indemnités.

Certaines écoles ont été le théâtre de nombreux conflits, et pour quelques directeurs ou directrices il a été difficile de s'imposer. Du point de vue pédagogique, nous n'avions pas d'autorité sur les enseignants, ce qui dans certains cas se révélait catastrophique. Mais, heureusement, partout où j'ai travaillé, nous avons toujours réussi a créer rapidement une équipe soudée.

Un jour, une inspectrice m'a dit que je dirigeais mon école comme un PDG son entreprise. Sa réflexion m'a surprise. Mais il y avait du vrai dans ces paroles. Une école, c'est tout un petit univers à gérer : les institutrices, les femmes de service, les cantinières, et dans une grande école, cela peut représenter beaucoup de monde. Toutes ces personnes doivent vivre en harmonie, recevoir la considération et l'écoute qui leur sont dues.

Pour animer une équipe d'enseignants, initier des activités communes entre les classes, travail passionnant qui exige imagination et souplesse dans les rapports humains, il faut du temps, un investissement personnel. Sans décharge de cours, c'est tout simplement infaisable. Les enfants ont besoin de nous et, à travers eux, les familles aussi. Recevoir les parents, discuter avec eux et les conseiller, organiser une grande fête pour toute l'école, tout cela compte bien davantage pour la vie des enfants, des familles, des quartiers, que le suivi des formulaires administratifs. J'ai toujours milité pour la décharge de classe des directrices d'école, dont les directrices des autres maternelles de Champigny ne bénéficiaient pas à mon arrivée. Avec la mairie, dont dépendaient ces questions, j'ai négocié une demi-décharge pour toutes. Les institutrices étaient bien sûr nommées par l'inspectrice, mais leurs salaires étaient supportés par la mairie, tout comme ceux des professeurs spéciaux de dessin, de musique et de gymnastique. Un directeur qui ne faisait pas la classe entraînait le recrutement d'un enseignant supplémentaire pour l'école, d'où un accroissement des frais pour la mairie. Élue secrétaire syndicale de la section de Champigny puis, en 1946, conseillère syndicale pour le canton de Saint-Maur, où je bénéficiais d'une grande confiance de la municipalité grâce à mes années de Résistance, j'étais en position favorable dans les discussions et je tenais à exploiter cet avantage. En outre, comme je l'ai dit, mon mari était conseiller municipal à Champigny.

À la Libération, comme nombre d'intellectuels, Roger avait rejoint les rangs du PC. Que de discussions pour faire admettre cette idée de décharge à laquelle j'étais si attachée, car pour moi un directeur devait se consacrer à la marche de l'école, à tous les enfants et aux familles.

J'ai obtenu une décharge complète pour chaque école de quatre classes. Grâce à cela, et grâce à la bonne entente qui régnait entre tous les enseignants des écoles maternelles des cinq groupes scolaires, nous avons pu nous lancer dans un travail de recherche pédagogique intéressant.

Je suis entrée très jeune au syndicat. J'avais été élevée dans un contexte profondément républicain et, quand je suis arrivée dans l'enseignement, il m'a paru naturel de me syndiquer à la CGT, qui était à l'époque socialiste. Je payais ma cotisation, je n'étais pas très active, mais intéressée quand même. Le syndicat a travaillé à la fondation des œuvres qui gravitaient autour de l'école, il a posé les premiers jalons de la MGEN [1], de la MAIF [2] en 1938. J'avais assisté avant la guerre à quelques réunions qui m'avaient passionnée. Pendant l'Occupation, le syndicat avait été dissous, beaucoup de ses membres déportés, et certains d'entre nous l'avaient reconstitué dans la clandestinité.

À la Libération, j'ai donc accepté des responsabilités officielles. Mes collègues et les dirigeants du syndicat m'ont demandé d'en assurer le secrétariat sur le plan local. J'ai hésité, car cela demandait beaucoup de travail et j'avais la charge de mes trois enfants et de l'école. Deux de mes collègues m'ont aidée. J'ai été élue secrétaire du SNI [3] de Champigny en 1945. En 1946, mes camarades

1. Mutuelle générale de l'Éducation nationale. (NDE.)
2. Mutuelle des assurances des instituteurs de France. (NDE.)
3. Syndicat national des instituteurs. (NDE.)

ont souhaité que je sois conseillère syndicale du SNI de la Seine.

Pour la grande grève de 1947, qui a réuni en un même mouvement l'ensemble des personnels de l'éducation, des professeurs d'université à ceux des lycées, en passant par les instituteurs et les chercheurs – les parents d'élèves aussi ont soutenu la démarche –, Champigny a suivi le mouvement à 100 %, et cela pendant plus de quinze jours. Nous avions constitué unc caisse de solidarité pour aider un collègue qui ne pouvait pas se permettre financièrement de faire grève. L'objectif de ce mouvement était de revaloriser des traitements de misère ; mais, au-delà, son but était de revaloriser la fonction de l'enseignant et, partant, de revaloriser l'école.

Après la grève, nous avons réussi à réaliser l'unité syndicale. Le syndicat était en effet morcelé, entre L'École émancipée, L'Unité action et le SNI. Notre groupe (le SNI) se réunissait place des Vosges tous les mercredis soirs. Je laissais les enfants. Mon mari m'accompagnait, nous travaillions sur les questions que nous allions poser à la Bourse du travail le lendemain matin avec tous les autres syndicats. Il fallait se livrer à un jeu habile de négociations, chacun sachant ce que telle tendance accepterait ou non et essayant de présenter ses motions de façon à ce qu'elles soient votées, en estimant le nombre des voix.

Faire l'unité nous a donné du fil à retordre. Le grand jour venu, notre ami Lablénie, un orateur remarquable, a pris la parole à la fin, avec tout son talent, et l'unité a été scellée. Les cinq cent mille adhérents, regroupés en un seul mouvement, préservaient toutefois les tendances. Nous débattions des grands problèmes, nous accomplissions un travail de construction sociale pour les enseignants. Cette unité a tenu de longues années. En 1987, le syndicat unifié s'est morcelé.

Une de mes premières tâches en arrivant à Champigny fut de créer un cadre agréable pour les enfants, dans cette école dont les couleurs étaient tristes, délavées et sombres. La municipalité accepta de faire peindre l'école et je demandai aussitôt à choisir les couleurs. À la fin des travaux, je constatai la catastrophe : mes instructions n'avaient pas été suivies et tout se retrouvait vert épinard. C'était affreux. Je téléphonai sur-le-champ au maire : « Vous croyez vraiment qu'on va mettre les enfants là-dedans ? » J'ai insisté et j'ai obtenu satisfaction. Faisant appel à un peintre extraordinaire, André Fougeron [1], qui habitait à côté, nous avons décidé de couvrir les murs de fresques aux couleurs claires. Nous choisissions tous ensemble les thèmes, André Fougeron dessinait les grandes lignes de la composition et la faisait exécuter par son équipe. Il était le maître d'œuvre. Dans le préau, il proposa de représenter le 14 Juillet avec ses fêtes et ses manèges ; dans le dortoir des petits, ce fut la mer avec ses poissons, dans plusieurs tons de bleu. Dans la classe

1. Peintre communiste mort en 1998. Il avait été en 1948 une figure de proue de la « bataille du réalisme » menée par le parti contre l'abstraction, expression de la « bourgeoisie décadente ». (NDE.)

de Mme Lovichi, c'était la campagne, d'un beau vert doux, avec des abeilles, des fleurs puis, chez Mme Bonnel, dans des tons très tendres, sur un fond de ciel, voletaient des oiseaux de toutes sortes, des pélicans. Des fresques ornaient toutes les classes, quelle merveille ! Les enfants étaient contents, ces fresques fournissaient le prétexte à des thèmes de travail très riches avec eux. Notre inspectrice suivait cette démarche avec un réel intérêt. Toute ancienne que fût mon école, quand des visiteurs passaient, ils repartaient éblouis. Je n'y suis jamais retournée et je n'ai qu'une peur, c'est que les merveilleuses fresques aient été repeintes. André Fougeron avait utilisé des peintures qui ne s'abîmaient pas et qui devaient durer des dizaines d'années.

Ces premières années à Champigny ont été aussi les années de l'épuration de l'après-guerre. Mon mari a été secrétaire général du Front national universitaire, juste après la guerre. Notre ami Lablénie était au comité d'épuration. Tous deux ont participé à l'épuration des inspecteurs généraux, parmi lesquels on comptait beaucoup de collaborateurs. Les inspecteurs généraux avaient été obligés de prêter serment à Vichy, mais certains en avaient rajouté, collaborant avec zèle.

L'Union française universitaire, qui regroupait sans distinction de tendances politiques les résistants de l'Éducation nationale, a succédé au Front national universitaire. Roger y avait conservé le mandat de secrétaire général. Cette association s'est élevée à plusieurs reprises contre des gens qui, malgré les actes de collaboration notoire commis pendant la guerre, essayaient de se promouvoir à la Libération. Des inspecteurs généraux anciens collaborateurs, après une période dans l'ombre, revenaient sur le devant de la scène. L'Union était partisane d'une large indulgence pour les petits coupables, mais entendait que les postes de directeurs généraux, recteurs, inspecteurs généraux, ne soient confiés qu'à des personnes au-dessus de tout soupçon. Il s'agissait de former la jeunesse et on ne pouvait accepter que d'anciens collaborateurs assument cette responsabilité.

Ainsi, nous avions été profondément choqués par le cas d'un entrepreneur qui avait travaillé pendant la guerre à la construction du mur de l'Atlantique avec l'organisation Todt, comme les documents que nous produisions le prouvaient sans le moindre doute. Cet homme avait été nommé secrétaire d'État à l'enseignement technique après la guerre. Les résistants n'avaient pas admis cette promotion et l'avaient fait savoir. Un jour, nous avons appris que sa nomination comme ministre de l'Éducation nationale était imminente. L'association des anciens résistants a demandé à être reçue par le président Auriol, qui leur a dit comprendre leur requête mais ne rien pouvoir faire, c'était au président du Conseil que revenait cette nomination. La délégation comprenait Lablénie, mon mari, Mme Fournout, M. Fournout et quelques autres dont j'ai oublié le nom. Ils ont écrit des lettres au président du Conseil, au ministre de l'Éducation nationale. Et la nomination en question n'a pas eu lieu.

Claude entendait nos discussions à propos de ces affaires et leur prêtait une oreille attentive. Cette période, qui a duré plus de dix ans après la fin de la guerre, traversée par des procès très longs, l'a beaucoup intéressé.

En mai 45, l'Union française universitaire décida de rendre hommage à Paul Langevin [1], grand physicien et figure éminente de la lutte pour la liberté, à l'occasion de ses soixante-treize ans. Le grand amphithéâtre de la Sorbonne, plein à craquer, accueillait ministres, ambassadeurs, représentants de partis politiques, de syndicats, académiciens, mais aussi artistes, ouvriers, professeurs, étudiants, écoliers... Paul Langevin a été salué par une ovation. Bianca Zazzo [2] avait présidé à l'organisation de la fête. Elle avait amené avec elle son fils et nous avions amené Claude. Les deux petits garçons jetèrent leur dévolu sur les fauteuils d'ambassadeurs absents d'où, bien installés, ils écoutèrent avec passion les discours des savants. Comme nous voulions les en déloger, l'ambassadeur des États-Unis, à côté duquel Claude était sagement assis, nous convainquit de les laisser. La réception fut fort réussie, juste un peu troublée par la sortie des membres de l'Académie française amenés par Georges Duhamel, vexés de ne pas bénéficier des mêmes fauteuils que les

1. Ce savant (1872-1946) avait mis au point la technique de production et de réception des ultrasons pendant la Première Guerre mondiale. (NDE.)

2. Épouse du célèbre chercheur René Zazzo, Bianca Zazzo, également chercheur, est notamment l'auteur de *Féminin-masculin à l'école et ailleurs* (PUF, 1993). (NDE.)

ambassadeurs, auxquels, paraît-il, ils avaient pourtant droit. Les académiciens des sciences, eux, sont restés. Le recteur Gustave Roussy [1] a prononcé un bel hommage à Paul Langevin en retraçant sa carrière, tandis que Frédéric Joliot-Curie [2] et d'autres grands scientifiques, comme René Lucas et Jacques Nicolle, ont pris le relais en rappelant son arrestation, son internement à la Santé. Ils ont évoqué la fameuse manifestation du 11 novembre 1940, l'intervention de la communauté scientifique qui réussit à obtenir la résidence surveillée pour Paul Langevin, puis sa deuxième arrestation et la douleur de voir son gendre Jacques Solomon fusillé en mai 42. Claude ne perdait pas un mot de ces discours. La réponse de Paul Langevin a été très émouvante. Il rappela sa formation, sa joie d'avoir enseigné pendant vingt-cinq ans à l'École normale supérieure de Sèvres, il proclama ses convictions et son ambition de toujours : mettre la vraie science et la haute culture à la disposition de tous les hommes et participer à la rénovation de l'Éducation nationale. La réception qui suivit la cérémonie fut pour nos deux petits garçons l'occasion de côtoyer ces personnalités et de discuter tranquillement avec tout le monde. Que de questions ont suivi, sur la science, sur les savants ! Claude a poussé notre patience à bout, mais nous a attendris en affirmant : « Quand je serai grand, je veux être un

1. Médecin et savant (1874-1948), fondateur de l'Institut du cancer de Villejuif. (NDE.)

2. Physicien (1900-1958), gendre de Pierre et Marie Curie. Avec son épouse Irène (1897-1956), il participa à l'identification du neutron. (NDE.)

savant. » Cette soirée joua-t-elle pour lui le rôle qu'avait joué pour moi le collier d'escargots ?

J'ai fait partie en 46 et 47, avec mon mari, des groupes de réflexion sur la réforme Langevin-Wallon, plan qui reste une référence en matière de réforme de l'éducation. Peu de choses avaient changé depuis Jules Ferry. À cette réflexion passionnante participaient des personnalités comme Robert Debré, Henri Wallon [1], le recteur Gustave Roussy, René Zazzo [2] et bien d'autres. Nous discutions de la conception de l'école républicaine, des programmes, de la formation des maîtres, de la place des handicapés. Un nombre important de syndicalistes prenait part à ces réunions où, pendant plus d'un an, ont été posés les jalons d'une école plus juste, contre la ségrégation sociale.

Ces réunions venaient donc s'ajouter au travail de l'école et du syndicat. Nous nous y rendions le soir et je n'ai jamais pris un jour sur mon travail scolaire pour ces activités. Pour les enfants, il fallait s'arranger. Une fois encore, heureusement qu'il y avait l'école, leur seconde famille.

Ma vie de directrice d'école, ma vie de responsable syndicale et ma vie de famille étaient fondues l'une dans

---

1. Psychologue et homme politique (1879-1962), il fut secrétaire de l'Éducation nationale en 1944 et député communiste (1945-1946). (NDE.)

2. Ce chercheur éminent (1910-1995) est surtout connu du grand public pour ses travaux sur les jumeaux. Secrétaire général du Front national universitaire clandestin, il fonda après la guerre les premiers services de psychologie scolaire. (NDE.)

l'autre. Nous confrontions nos recherches, nos expériences, entre collègues, souvent chez moi. De toute façon, le milieu ambiant, les discussions, tout tournait autour de l'école et de la pédagogie. Claude posait des questions, il était tout ouïe. Renée-France et Henri appréciaient moins les absences maternelles. Les visites d'enseignants étaient incessantes. La famille vivait au rythme de l'école, mes enfants ont été élevés dans l'école, avec l'école, par et pour l'école.

Reçu au concours d'entrée en 6e, Claude a été inscrit au lycée Charlemagne où enseignait son père, dans une classe aux méthodes actives où il était très heureux. Mais en 5e, plus de méthodes nouvelles. Il a dû redoubler, suivant son père au lycée Marcelin-Berthelot. Très indépendant, il n'en faisait qu'à sa tête. Il avait même calculé combien de temps il gagnerait à écrire phonétiquement. Une année, inquiète de ses mauvaises performances scolaires, j'ai demandé à un ami, professeur émérite, de le tester. « Ne vous inquiétez pas, il ira loin », me promit-il. J'étais rassurée, ou disons que j'essayais de ne pas m'en faire, mais Claude travaillait quand il voulait ; un jour ou l'autre il démarrera, pensais-je.

Seul le sport l'intéressait, mais sa maladie de cœur nous incitait à modérer ses ardeurs. Rien à faire : « Je préfère mourir du moment que je fais du sport. » La seule punition qui lui fît de l'effet était la privation d'activités physiques. Mon mari le consignait dans sa chambre, mais la fenêtre donnait sur le toit de l'école, par lequel il passait pour gagner la rue et le stade. Il aurait pu se rompre le cou. Toutes les maîtresses, au courant bien sûr, essayaient de le raisonner : « Si ton père l'apprend, qu'est-ce que tu vas prendre ! – Peut-être, mais cela durera dix minutes, et moi, pendant trois heures, je me serai bien amusé. »

Heureusement, quand il a eu douze ans, le professeur Soulier, célèbre cardiologue, a découvert que Claude compensait très bien son insuffisance cardiaque et pouvait pratiquer le sport sans se mettre en danger, y compris la compétition s'il le voulait. Quel soulagement pour nous, quel plaisir pour lui ! Dès lors, il s'en est donné à cœur joie : capitaine de l'équipe de foot au lycée, 400 mètres haies et surtout le basket, devenu une passion – l'US métro, la VGA Saint-Maur, le PUC. À travers le basket se sont créées de solides amitiés, comme celle avec Lionel Jospin, quelques années plus tard, à la Cité universitaire d'Antony. Ils avaient vingt ans, partageaient les mêmes idéaux et se sont liés à jamais. Ils ne se sont pas vus pendant quelques années, Claude, très pris par sa vie de chercheur et d'enseignant, s'était éloigné de la politique, sans renier ses convictions de jeunesse. Lionel, après son passage à l'ENA et au quai d'Orsay, était devenu l'un des dirigeants du nouveau Parti socialiste de François Mitterrand. Ils ne s'étaient jamais perdus de vue, mais ils se sont vraiment retrouvés lorsque le hasard de la vie les a fait habiter de part et d'autre du jardin du Luxembourg.

L'adolescent qu'il était devenu n'avait rien à envier au garçonnet qu'il avait été. Agacée de le voir toujours perdre ses maillots de corps, je le grondais : je n'allais pas passer mon temps à les lui racheter ! Mais ils n'étaient pas perdus pour tout le monde : Claude s'arrangeait avec la cantinière qui les teignait, y cousait ensuite les lettres et les chiffres de l'équipe de foot, et Claude les donnait à certains de ses copains qui ne pouvaient pas s'offrir de maillot de sport.

Un été, pour le récompenser d'avoir été reçu au brevet, nous avions invité son camarade Alain et avions entrepris la visite des châteaux de la Loire, de Chartres et d'Albi. À Albi, mon Claude entonna un concert de protestations : « Si on continuait plutôt notre route ? – Nous avons tout le temps, dit son papa, c'est les vacances. » Claude finit par nous dire, exaspéré : « J'en ai marre des monuments, des musées, je veux voir le Tour de France et demain il passe à Lodève ! »

Son frère et sa sœur l'admiraient. Il était gentil avec eux. Renée-France n'avait que vingt-deux mois quand Henri, son petit frère, est né. Ils ont grandi ensemble, avaient les mêmes amis. Ils adulaient leur grand frère, ce sportif qui ramenait à la maison ses partenaires de foot et de basket et leur apprenait les rudiments de ces sports, ce chanteur infatigable qui avait tout le temps une chanson de Brassens aux lèvres. Claude profitait de cette adoration et avait même tendance à l'exploiter : il leur faisait laver les bouteilles consignées et les rendait à l'épicière contre monnaie sonnante et trébuchante. Les petits gagnaient quelques piécettes qu'ils dépensaient aussitôt chez Rosine, la marchande de bonbons.

Comme mes autres enfants, et comme la plupart de mes propres élèves, Renée-France a appris à lire en grande section de maternelle. Au CE2, elle a eu la malchance de tomber sur une institutrice qui dérangeait l'école tout entière par les injures tonitruantes que j'entendais de ma cour : « Nulle, idiote, folle, imbécile. » Un soir, ma fille me dit : « Je suis folle, tu dois me faire soigner, c'est la maîtresse qui l'a dit. » Nous l'avons rassurée. Le professeur de dessin m'avait déjà prévenue que la petite passait la journée à jouer à la poupée au fond de la classe. Quelque temps après, son institutrice récidiva : « Elle est aveugle, votre petite, regardez sa composition, elle n'a fait que des gribouillages. Il faut la faire soigner. » Je n'étais pas dupe. « Puisque je suis folle, je n'ai pas besoin d'écrire », nous a déclaré Renée-France. C'en était trop, je l'ai envoyée à Ceilhes, chez ma mère, où elle a fini l'année scolaire en étant toujours première ! Que penser de ces maîtresses sans générosité ni réflexion ? Combien d'enfants ont été ainsi meurtris à jamais, mutilés ? Renée-France était une petite fille espiègle, belle et entêtée, qui a accompli de bonnes études et est entrée à l'école dentaire. Elle exerce à Montpellier, et ses deux filles, Nathalie et Frédérique, éclairent ma vieillesse.

Ma fille aime à raconter que sa grand-mère déclarait : « Il vaut mieux un voleur qu'un menteur. – Et pourquoi, Mamé ? – Ce n'est pas beau de voler, d'accord, mais un menteur ferait pendre son père et sa mère. » L'horreur du mensonge est une des valeurs qui ont été transmises à mes enfants par leurs grands-parents et ils ont toujours été francs, animés d'un sens aigu de la justice et de la tolérance.

Henri, de son côté, éveillé mais susceptible, n'a pas eu une scolarité sans histoires. Comme pour bien des enfants, son goût d'apprendre a varié avec la qualité et l'esprit d'initiative de ses instituteurs. Après avoir renoncé à ses études de pharmacie, il est d'ailleurs lui-même devenu un instituteur remarquable, créant dans chaque école un climat d'amitié et de joie à travers la musique, la céramique, le sport et la lecture.

Ma nomination à Champigny a été marquée par l'arrivée de Mlle Tortel, l'inspectrice dont j'avais tant entendu parler pendant la guerre à Corbigny. Lecture, calcul, chants, rythmique, théâtre, sans que rien de tout cela soit négligé, nous devions avant la guerre suivre un emploi du temps qui mutilait souvent nos exercices. Tout était programmé, chronométré. Nous appliquions certes des méthodes actives – Freinet, Decroly et combien d'autres nous avaient ouvert des voies. Des inspectrices remarquables nous avaient entraînées vers le dessin, les compositions décoratives, la lecture, l'écriture au pinceau – que nous avons pratiquée jusqu'à l'apparition de la fameuse pointe Bic.

Mais les temps évoluent. L'arrivée de Mlle Tortel et la première réunion rue Stephen-Pichon resteront toujours gravées dans ma mémoire. « Mes petites, nous ne nous connaissons pas, mais nous allons ensemble nous jeter à l'eau. Je ne sais rien, vous ne savez rien, nous sommes au bas d'un escalier que nous allons gravir ensemble. Vous prendrez des initiatives, je serai toujours là pour vous aider et vous soutenir. » Alors a commencé une période de travail intensif, de réunions le soir à l'école du XIIIe où elle avait son bureau. Nous y avons encore une fois sacrifié nos familles, mais la recherche est exigeante et n'admet aucune négligence. Par cette entreprise collective, avec des discussions passionnées, nous avons fait surgir une pédagogie de travail, productrice d'une œuvre à laquelle l'enfant était associé.

L'école maternelle a pour mission d'ouvrir l'esprit. La maîtrise du langage est capitale pour communiquer, pour s'exprimer ; l'apprentissage en est délicat, d'où l'importance de la poésie, du conte, du dialogue. Le langage constitue la première étape vers l'apprentissage de la lecture et de l'écriture. Nos maîtresses y ont préparé les enfants dès la petite section et les grands lisaient très bien, ou étaient prêts à entrer dans cet univers nouveau. Notre pédagogie était une pédagogie du projet. Un thème une fois choisi avec les enfants, tous mettaient la main à la pâte, en restant à l'écoute de l'autre. Faire aboutir un projet exigeait une documentation solide, on cherchait à la maison, à la bibliothèque.

Mlle Tortel a fondé sa méthode sur l'expression plastique. « L'œuvre est le moyen de développer et former l'esprit en pleine évolution. » Les dessins des enfants sont spontanés certes, en ce sens que l'institutrice n'intervient pas dans leur création. Mais ils ne sont pas « spontanés » au sens brut du terme, car ils ne sont pas « des premiers jets ». Au contraire, ils résultent d'efforts, de discussions, de recherches, d'un travail acharné. La méthode repose sur une pédagogie de l'expression sous toutes ses formes, non simple « spontanéisme », mais spontanéité raisonnée, enrichie ; elle respecte scrupuleusement l'enfant et s'appuie sur ses élans pour le faire progresser. L'œuvre enfantine est toujours étonnante et émouvante. Bien accueillie, valorisée, elle mobilise la réflexion du groupe tout entier, l'observation, stimule la discussion et la concertation et permet l'acceptation des idées de chacun.

Elle fait surgir les dons et le potentiel de chaque enfant et lui donne l'occasion de se développer, de se libérer, de se révéler, de se cultiver. Cette pédagogie du dessin a fini par conduire à une pédagogie globale de la personne. Le travail créateur permet à l'enfant de dissiper ses angoisses et de s'inscrire dans des projets.

Amener l'enfant à s'exprimer, mais aussi à prendre l'autre en considération, est un défi que l'éducateur doit relever. Il permet de donner au groupe le sens de la communauté et en même temps la conscience de l'individualité de la personne. Le dessin collectif qui mobilise toute une classe est une rencontre de points de vue, d'idées ; c'est raconter une histoire, décrire les choses en commun. Chacun joue un rôle actif, dit son idée et apporte sa brique à la construction collective, tout en respectant les règles et chaque membre du groupe. Libérée, l'imagination ouvre les portes de la création, du rêve et de la poésie. L'enfant n'est plus un simple récepteur, il contribue. Les techniques apparaissent au moment où elles sont nécessaires, instruments au service de l'expression. L'éducatrice canalise le travail et les enrichissements.

L'école maternelle initie à la vie sociale, donne à l'enfant ses idées fondamentales, lui inspire une attitude de recherche. Nous sommes une famille de méridionaux, c'est vrai que nous avons un caractère un peu bouillonnant et peut-être provocateur. C'est sans doute pourquoi j'ai tout de suite adhéré à cette pédagogie qui prend pour tremplin une provocation, laquelle entraîne la discussion, l'action et la progression.

L'association Germaine Tortel [1] a été créée par des collègues désireuses après la mort de la pédagogue de conserver le fruit de cinquante ans de travail collectif, pour susciter des émules, pour expliquer cette pédagogie si riche, appréciée et admirée dans le monde entier. L'association organise périodiquement des expositions. Certaines écoles travaillent toujours selon ces méthodes, trop peu à mon avis. Une telle démarche demande à l'enseignant une masse importante de travail et impose une remise en question permanente. Mais quelle richesse, quelle satisfaction de voir ces petits s'ouvrir, se révéler avec bonheur et fierté !

Une des institutrices de mon école de Champigny connaissait un grand sculpteur céramiste, Édouard Cazaux, qui habitait non loin de là. Elle m'amena un jour

1. 105, rue du Chevaleret, 75013 Paris.

chez lui. C'était en 1948. La visite de son atelier me laissa une impression très forte, mais plus encore sa personnalité douce et enthousiaste. Intéressé par l'aventure de la poterie à l'école, il vint nous rendre visite et nous apporta un pain de glaise. Les petites mains se sont tout de suite mises à l'œuvre. Des essais de formes, de techniques, les émaux, la cuisson... Les enfants étaient saisis par la magie de la création. L'engouement fut immédiat et total. Tout cela les changeait de la pâte à modeler, qui ne permettait aucune vraie réalisation durable.

Le travail de la terre est un exercice très précis. Nous avons commencé par de petits objets et progressé doucement. Autour de nous, les gens se sont intéressés à notre travail, un collègue de primaire et un photographe ont délaissé leur métier pour créer une entreprise de terre et d'émaux. Nous allions chez des céramistes porter nos objets à cuire jusqu'à ce que nous décidions d'acheter un four. Quand les parents ont vu les objets que réalisaient leurs enfants, ils ont à leur tour été gagnés par l'enthousiasme. Nous avions confectionné aux petits des tabliers spéciaux pour protéger leurs vêtements, car il faut bien dire que la céramique est une activité très salissante. Ainsi, ils rentraient propres chez eux et ne risquaient pas de mécontenter leurs mères.

La céramique a apporté aux enfants le plaisir de la manipulation, de la réalisation artistique, l'émerveillement devant les transformations dues à la cuisson. Ils roulaient la terre comme de la pâtisserie, s'appliquaient pour mettre les couleurs. La céramique engage l'enfant dans la création. La terre qu'il manipule l'emporte loin, le réjouit mais le pose aussi, le calme, lui apprend à maîtriser ses gestes. L'apprentissage de la technique se fait petit à petit, au fur et à mesure des succès et des échecs. L'échec oblige l'enfant à interroger et à s'interroger, à chercher. L'échec est source d'enrichissement, il ne faut pas le craindre ni empêcher les enfants de se lancer dans des expérimentations, sous le prétexte de les préserver de la déception. Dans l'échec, l'enfant reconnaît ses limites, prend conscience des résistances, s'évertue à trouver des réponses, mobilise ses capacités d'imagination et d'observation. Il élabore, il construit.

Nous préparions ces travaux de manière approfondie. Ainsi, une année, nous avons étudié Bernard Palissy, cherchant d'abord à connaître sa vie, puis sa façon de travailler. Ensuite les enfants ont chacun réalisé une assiette « à la Bernard Palissy ». Avec un rouleau à pâtisserie, ils ont étalé la terre, « c'est comme si on faisait un gâteau » ; puis nous y avons découpé un plat orné d'un serpent en colombin. Mais comment rendre l'effet de la peau du serpent ? avec du tissu ? Un morceau de voile de première communiante ferait des écailles parfaites. On scella le serpent, on rajouta un renard, puis ce fut le four, la pose des émaux, puis une deuxième cuisson. L'œuvre était là, accomplie, exaltante. Chaque famille pourrait emporter le chef-d'œuvre de son enfant.

Alors seulement, à la fin, nous avons emmené les enfants au Louvre pour contempler les œuvres du maître. Nous ne voulions pas faire cette visite plus tôt.

Il était important qu'ils réalisent leurs propres assiettes et non qu'ils copient des pièces de musée. La copie est une duperie, une occupation sans intérêt. Elle enferme l'enfant dans une activité machinale et inutile.

Nous consacrions au moins une après-midi par semaine à la céramique.

Nous avions décidé d'appeler notre école « bébé-ville », d'en faire un village en miniature, à l'échelle des petits, avec une boulangerie où fabriquer du vrai pain. Cela nous a fourni des sujets d'étude passionnants : le pain, le levain, la boulangerie, le pétrin et le four. L'image de ma grand-mère, les bras dans la farine, préparant le pain de ma petite enfance, m'accompagnait durant ces séances. Nos baguettes minuscules en vraie pâte levée étaient portées chez le boulanger de Champigny pour qu'il les fasse cuire. Il y avait aussi le zoo, occasion d'étudier tous les animaux possibles, et l'épicerie qui nous a amenés à l'étude des poids et à la fabrication d'une balance, peut-être inspirée par la balance de l'Andréa de mes jeunes années.

En confectionnant le pain, nous nous sommes aperçus que les enfants se délectaient à manipuler la pâte ; ainsi nous est venue l'idée d'une classe-cuisine. Nous voulions étudier avec les enfants ce qui se mange et ce qui se boit à travers le monde. Il fallait d'abord trouver un emplacement. Attenant à l'école, se trouvait un petit local qui contenait la réserve de sel, ce sel que l'on jette dans les rues en cas de gel. Je suis allée voir le maire, je lui ai dit que ce sel apportait de l'humidité aux bâtiments de l'école et que j'aimerais bien récupérer l'endroit pour faire une classe-cuisine. Le local était suffisamment grand, et nous pourrions transformer en petit square le bout de terrain juste devant, ce serait épatant pour les tout-petits. Le maire s'est laissé convaincre.

Nous avons divisé le local en deux par une barrière : d'un côté, la partie cuisine avec les ustensiles, le four, la cuisinière, le réfrigérateur, la batterie de cuisine, et de l'autre la partie classe. Les enfants n'avaient le droit d'aller dans la partie cuisine qu'avec l'autorisation de la maîtresse. Interdiction d'entrer tout seul dans cette partie dangereuse.

Devant ma classe-cuisine, nous avons aménagé un petit square avec un bac à sable. Nous avions une volière où les enfants donnaient à manger aux oiseaux. Nous avions fait planter des cerisiers à branches basses et les enfants cueillaient les cerises.

Nous allions en groupe faire les courses chez l'épicière. Nous avons épluché des légumes, préparé des potages, confectionné des gâteaux. Quel meilleur moyen trouver pour l'intégration des petits étrangers, dans cette ville où les enfants venaient de tous les horizons ? Ceux qui ne connaissaient pas un mot de français en arrivant, savaient le parler au bout de trois mois d'école maternelle. Je recommandais aux parents de continuer à leur parler leur langue maternelle, qu'ils ne devaient pas cesser de pratiquer. Le français, ils l'apprenaient avec les récitations et les chants.

La classe-cuisine a été l'occasion de demander aux mamans de nous montrer les spécialités de leur pays.

Une maman algérienne nous a confectionné des gâteaux très sucrés, au miel. Nous avons ainsi découvert les saveurs de multiples mets du monde entier.

Nous faisions des confitures avec les fruits du jardin. La confiture de groseilles était leur préférée. Première tâche, cueillir soigneusement les groseilles dans le jardin. Les paniers en osier chargés de grappes de groseilles trônaient au milieu de la table. Les enfants, assis tout autour, sanglés dans leur tablier de cuisine et deux par deux, égrainaient délicatement les groseilles du bout de leurs petits doigts. Au passage, on en mangeait quelques-unes, on discutait, on riait, la bouche barbouillée de rouge. Les saladiers pleins de graines et les paniers vidés, l'opération « confiture » commençait.

D'abord les poids, alignés à côté de la balance. Celui-ci est bien lourd, oh, le petit est tout léger ! Les fruits posés sur un plateau de la balance, il s'agissait de l'équilibrer. L'exercice n'était pas facile, on rajoutait des poids, on en enlevait, on tâtonnait. C'était l'occasion pour la maîtresse de parler des kilos, des grammes. L'équilibre enfin atteint, nous suivions la recette, il fallait ajouter du sucre en quantité précise, puis tourner avec une grande cuiller en bois. C'était ensuite à la maîtresse de s'occuper de la cuisson, les petits restant de l'autre côté de la barrière, ce qu'ils acceptaient volontiers car ils savaient que la bassine était chaude. Un par un, ils pouvaient quand même admirer la confiture qui cuisait, couverte d'une écume que la maîtresse enlevait méticuleusement. Enfin prête, la confiture refroidissait jusqu'au lendemain, quand nous la mettrions tous en pots... et la dégusterions. Bien des mamans emportées par l'enthousiasme de leurs petits sont venues nous demander la recette !

Les théoriciens de la pédagogie diraient que cette classe-cuisine mettait en œuvre le toucher, l'odorat et le goût, et avanceraient bien des concepts. Nos enfants y trouvaient simplement plaisir et fierté.

Quand je prenais mes élèves le matin – et après moi, les institutrices avec lesquelles j'ai travaillé pendant toutes ces années –, nous commencions souvent par la danse rythmique avant d'entrer dans la classe. Nous avions confectionné aux enfants des tuniques, toutes simples, deux rectangles noués à l'aide d'une ceinture. Une maîtresse jouait du piano. À Champigny, c'était une activité quotidienne, à la porte d'Ivry aussi. Les petits avaient le rythme dans la peau. Ensuite ils allaient s'habiller dans la classe, ils déposaient dans un petit sac les chaussons et la tunique de danse. Venait alors la lecture, pour la classe des grands. « Aujourd'hui il faudrait que vous trouviez une phrase avec le son "on". » Tous les enfants cherchaient, une phrase était montrée globalement au tableau et décortiquée, décomposée en sons, en lettres. Suivait la récréation et, quand nous remontions, c'était l'initiation à l'écriture par des jeux : nous leur faisions dessiner des ponts, des tuiles, pour leur apprendre les m, les n, les u. Nous demandions aux petits d'écrire au pinceau. Si c'était un peu long, nous racontions une histoire pour les reposer. Puis, nous apprenions des poésies, et l'après-midi était consacrée au travail manuel et artistique. L'heure du conte les ravissait. Bref, ils n'avaient pas le temps de jouer.

Pour les petits, le seul matériel pédagogique que j'appréciais, le seul avec lequel ils pouvaient faire quelque chose d'intéressant, c'était les cubes. Mais les cubes en bois font du bruit, il fallait poser de la feutrine sur les tables. Oui aux jeux de construction intelligents, non à ceux qui ne consistent qu'à mettre un canard sur un canard ou un chien sur un chien : il y a mieux à faire, et plus créatif. La pédagogie de Mlle Tortel faisait du jeu le thème même du travail : construire un château tous ensemble, c'est un jeu.

Comme tous les enfants, les nôtres aimaient chanter et j'ai toujours demandé à quelqu'un d'extérieur à l'école de venir à la rescousse, car je chantais plutôt faux. Une de mes collègues formait des chœurs à deux ou trois voix, avec les moyens et les grands. Le chant, excellent exercice de langage, est aussi un bon moyen de démontrer qu'ensemble on peut faire de belles choses. Des chants simples pour ne pas rebuter ceux qui ne parlent pas encore très bien, puis des mimes d'après ces chants.

Grâce aux poésies, les enfants exerçaient leur mémoire avec bonheur. Nous leur disions aussi beaucoup de contes. Souvent les enfants aiment qu'on leur raconte les mêmes histoires, qu'ils finissent par connaître par cœur et réciter à leurs parents. Voilà ce qui les calmait le soir, quand ils rentraient de la récréation, une jolie histoire. J'en racontais certaines du folklore de ma région, ils se régalaient et s'amusaient de mon accent du Midi.

L'enseignant ne doit pas rester prisonnier d'un programme, d'un horaire. Le déroulement d'une journée dépendait des saisons. J'aimais particulièrement la classe des moyens, les enfants de quatre et cinq ans, c'est l'âge de l'éveil, l'âge où ils commencent à bien parler, à élaborer des phrases.

La classe des petits est la plus difficile. C'est souvent la directrice qui l'assume, quand elle n'est pas déchargée d'enseignement. Les femmes de service y jouent un grand rôle. On ne dira jamais assez de bien d'elles. J'en ai connu de nombreuses pendant toute ma carrière : douces, attentives, elles participaient à la vie de l'école et à l'épanouissement de l'enfant. Pour être admis à l'école, par exemple, l'enfant doit être propre, c'est-à-dire capable de demander à aller aux toilettes lorsque le besoin s'en fait sentir. Quelques accidents surviennent cependant, réparés en douceur par les femmes de service. Les exercices de toilette sont importants : on apprend à se laver les mains, les dents, à s'habiller et se déshabiller tranquillement. On apprend à reconnaître son nom sur son vestiaire : premier exercice de lecture.

Puis vient l'apprentissage de la vie en groupe. Chacun doit s'insérer dans la collectivité, entrer dans la classe sans bousculade, réprimer ses impulsions. Car à cet âge tendre, on mord, on pince, on pousse, on griffe, on lance des coups de pied : c'est la violence brute des petits, les réflexes de défense. La maîtresse et la femme de service doivent avoir les yeux partout. La socialisation de l'enfant est la première tâche de l'école maternelle : apprendre à écouter, à obéir, à respecter l'autre.

Dans toutes les classes, les anniversaires étaient souhaités, mettant les enfants en valeur et donnant lieu à des exercices passionnants sur les jours, les mois, les années.

L'intérêt de tous doit primer sur l'intérêt d'un seul. Ainsi, j'ai rencontré de graves difficultés une année en acceptant une petite fille qui souffrait de sérieux problèmes psychiques. Je n'ai pas recommencé. La petite agressait les autres enfants et leur enfonçait les doigts dans les yeux. J'ai dû détacher une femme de service pour s'occuper d'elle exclusivement. La maman ne voulait rien entendre, et se faisait agressive lorsque je lui exprimais mes réticences. Elle est revenue quelques mois plus tard pour me dire qu'elle avait finalement confié sa fille à un établissement spécialisé. On ne peut pas sacrifier toute une classe pour un élève, il n'en tire rien de bon, et les autres non plus.

Je ne suis pas favorable à l'entrée prématurée en maternelle. Un enfant de deux ans a besoin d'un soin personnalisé, de câlins, de maternage, il est perdu dans le groupe, effrayé dans la cour où ses petits pas chancelants sont à la merci des bousculades de ses aînés. Je ne prenais pas les tout-petits, la crèche est beaucoup mieux adaptée à eux. Mais à trois ans, beaucoup d'enfants commencent à s'intéresser à la découverte du monde extérieur, la plupart sont mûrs pour l'école.

Nous pouvions disposer du théâtre de la ville de Champigny pour les activités de l'école. Nous avons commencé à y organiser des fêtes, ce qui a attiré les parents, qui nous aidaient pour les costumes et la préparation. Toute la commune participait. Une année, nous avons donné *La Belle au bois dormant* avec les petites classes de maternelle. Nous avions élaboré la mise en scène avec soin. Il y avait d'abord la naissance du bébé et les fées qui se penchent sur le berceau et lui font chacune un don. Nous déclinions le conte : la Belle « chantera à la perfection », nous avions donc travaillé le chant pour donner une représentation parfaite ; le don de la danse était l'occasion de s'exercer aux danses folkloriques ; nous avions accordé des dons supplémentaires à la Belle, celui de la lecture, de la cuisine, de la récitation, et chaque activité était valorisée.

Pour le jour du spectacle, nous voulions à tout prix que tous les enfants tiennent un rôle. À ceux qui ne dansaient pas, ne chantaient pas, ne lisaient pas, nous avions donné les rôles des arbres. « Vous serez la forêt. » Aucun enfant n'était écarté. Quel succès ! Salle comble, parents heureux, municipalité enthousiaste.

Je me souviens d'une pièce orientale, narrant l'histoire d'un paquebot français qui abordait en Chine et dont l'équipage assistait à une grande réception chez un prince chinois. Nous avons fait exécuter des danses chinoises. Un ami d'un de mes fils, dont le père était dessinateur, a réalisé de superbes costumes. Les danseuses étaient coiffées de chapeaux dorés. Aujourd'hui encore, je reçois d'anciens élèves et d'anciennes collègues qui se souviennent de ces fêtes extraordinaires. Henri Wallon est venu assister à certaines d'entre elles.

Il y avait aussi les fêtes de l'école laïque dans le bois de Vincennes qui réunissaient les écoles du grand Paris. Ces fêtes ont disparu au moment du découpage de l'ancien département de la Seine en plusieurs départements. À cette occasion, on a supprimé les professeurs d'éducation physique dans les écoles de la banlieue, tout comme les professeurs de chant ou de dessin, tandis que les écoles de Paris les gardaient. Ces professeurs spéciaux étaient payés par les communes, comme je l'ai dit, et la banlieue a été alignée sur la province et non sur le système parisien. C'est aussi à cette époque qu'on a supprimé les décharges de classe pour les directrices. Les syndicats ne se sont pas mobilisés contre ces restrictions. La maîtresse, à partir de ce moment-là, a dû prendre tout en charge dans la classe et il a bien fallu abandonner quelques activités, dont, hélas, les fêtes. C'est pourtant à travers elles que les gens se réunissent, que les enseignants et les familles se rencontrent, que les parents participent à la vie de l'école.

Pour que l'enfant profite pleinement de ses années de maternelle, il faut que les enseignants connaissent sa vie de famille. Un petit garçon d'une famille très pauvre, à qui je donnais régulièrement des habits, était toujours sale. J'ai fait venir sa sœur aînée : « Qu'est-ce qui se passe ? – On ne sait pas laver le linge, chez nous. » Je l'ai conviée chez moi après l'école et lui ai appris à laver le linge. J'ai demandé à l'assistante sociale de se rendre chez cette famille, d'où elle est revenue catastrophée : « Vous savez qu'ils couchent sur la paille, ils n'ont pas de lits. On ne pourra rien faire parce que le père est un indic de la police. » Il allait dans les bars de Joinville et de

Champigny créer la bagarre et revenait ivre mort. Je l'ai beaucoup gâté, ce petit Roland. Un jour, un de ses frères a été accidenté et a touché ce qui semblait à sa famille un pactole. La première chose qu'a faite l'enfant, c'est d'acheter une petite maison pour les siens, « comme cela, on aura des chambres ».

Cette action, ce suivi ne peuvent s'accomplir sans une réelle proximité, tant avec les familles qu'entre collègues. À Champigny, avec quatre, puis cinq et six classes, la taille de l'école s'y prêtait bien. À La Varenne, plus tard, où j'ai eu la responsabilité d'une école de dix classes, il était beaucoup plus difficile de connaître tout le monde.

Au moment des premières communions, le curé envoyait à chaque directeur d'école un gâteau ou une brioche de la part des enfants. C'était quelqu'un de très tolérant, en excellents termes avec la mairie, qui lui prêtait des cars pour le patronage. Un jour que je venais chercher Henri et Renée-France au catéchisme, je suis arrivée au moment où le prêtre faisait l'éloge des instituteurs et disait aux enfants de respecter et d'aimer leurs maîtres, car c'était eux qui apportaient la connaissance. Cela m'a beaucoup touchée : nous travaillions dans le même sens. À l'âge de la communion solennelle, ma fille me déclara qu'elle ne voulait pas se déguiser. Je suis allée voir le curé pour lui expliquer. « Elle a bien raison. Je vais lui faire faire sa communion le dimanche d'avant, tout simplement, sans déguisement. » Nous avions des rapports courtois, tout se passait dans l'harmonie, ce curé était intelligent et nous avons fait du bon travail avec lui.

Il est mort asphyxié par les émanations de son poêle, et tous les directeurs des écoles ont assisté à son enterrement. La religion ne dressait aucune barrière entre nous, comme souvent dans les campagnes. J'ai le souvenir du Fabrègues de mon enfance avec sa rivalité rouge/blanc ; mais à Ceilhes il n'y a jamais eu de problème. La morale laïque et la morale religieuse reposent sur les mêmes bases.

À Noël 1952, Henri et Renée-France désiraient tous les deux une poupée. Elle reçut une poupée-infirmière et lui une poupée-écolier. Déception. Ce n'était pas une poupée comme cela qu'ils voulaient, mais un vrai bébé. « Ce sera pour l'année prochaine », leur dis-je en riant. Et le 4 décembre 1953, ils avaient leur bébé, en la personne de leur petit frère Jean-Louis, notre quatrième enfant ! Ravis, ils ont joué au papa et à la maman. Quant à Claude, sa réaction d'adolescent nous a amusés : « Très bien, un petit frère, comme cela si nous partageons la voiture, nous ne nous disputerons pas, nous aurons chacun une roue ! »

Juste avant la naissance de Jean-Louis, nous avons fait construire une maison à Ceilhes, au milieu des champs, la Calade. La maison ne désemplissait pas de tout l'été. Claude y invitait ses copains, comme plus tard ses étudiants, qui allaient bien souvent venir travailler en équipe dans la région. Il a toujours été très attaché à notre campagne de Ceilhes. Il y a fait son premier travail de géologue, à Lodève. Un jour, ayant repéré un affleurement de terrain, poussé par l'enthousiasme, il est descendu avec sa voiture par un chemin impossible. Il a fallu un tracteur pour le tirer de là. Ceilhes, c'est chez lui, il y vote, il y possède une maison et se rend régulièrement au cimetière sur la tombe de ses grands-parents.

Les vacances n'ont jamais été monotones. C'étaient les rencontres, les concours de pétanque avec le vocabulaire cru parfois, la pêche surtout. Claude aimait la pêche à la truite au bord de l'Orb à l'eau claire. Mais tous appréciaient particulièrement la pêche aux écrevisses, qui m'avait tant réjouie moi-même à leur âge. Ils relevaient les balances avec précaution pour ne pas se laisser pincer les doigts et mettaient les bêtes dans un sac mouillé. Le soir, quelle joie de déguster ces crustacés, les mains dans l'assiette, une grande serviette nouée autour du cou, surtout quand leur père leur avait confectionné une sauce délicieuse. Aujourd'hui, les ruisseaux sont sales et les écrevisses ont disparu.

Les enfants de Claude ont agrandi la famille. Je ressens de la nostalgie au souvenir de ces années chaleureuses. Baptiste avait fabriqué une petite carriole et il y trimballait les pommes de terre, les instruments de jardin et ses petits-enfants par le cœur sinon par le sang.

À la campagne d'un côté et à l'école de l'autre, mes enfants ont su trouver auprès de leur entourage de multiples ressources. Jean-Louis n'avait que deux ans quand nous avons quitté Champigny, où il vivait si proche de Renée-France et d'Henri. Nous y étions restés dix ans. J'ai beaucoup regretté mon école et son ambiance.

Depuis un moment, Mlle Tortel me suggérait de demander mon changement et d'accepter l'école de La Varenne, ce que j'ai fait en 1956. Dans ce nouvel établissement, j'avais encore plus de travail et Jean-Louis, l'enfant chéri de Champigny, est devenu un enfant parmi tant d'autres. Ses aînés à cette époque étaient eux-mêmes beaucoup moins disponibles : Claude s'est marié et Jean-Louis, qui n'avait pas pu beaucoup profiter de son grand frère, allait en revanche être très marqué par le savant que celui-ci était en train de devenir. Renée-France et Henri ont vite été absorbés par leurs études.

Dès mon arrivée, j'ai demandé la décharge de classe. Il me fut d'abord accordé un mi-temps, mais cela ne m'intéressait pas. La mairie a fini par accéder à ma demande, et j'en ai à nouveau fait profiter les autres écoles de la commune.

J'ai trouvé dans cet établissement une excellente équipe d'enseignantes, pratiquement inchangée au long des années. Elles avaient toutes leurs dons et les exploitaient avec succès. Les femmes de service disaient : « Ici, on ne fait pas de différence entre celles qui tiennent le balai et les institutrices. »

J'ai toujours aimé le vocabulaire soigné, précis, nuancé, et donc détesté les gros mots. L'éducation attentive que j'avais reçue les avait d'ailleurs bannis de mon langage. Un petit élève disait des gros mots. La maîtresse me l'amena et l'enfant me dit aussitôt : « Toi, tu es con. » Il avait à peine trois ans. Je lui ai répondu : « Je n'ai pas encore donné de fessée cette année, mais si tu redis un gros mot, je baisse ta culotte et tu as une fessée déculotté. » Il se retourna alors et me dit : « Je ne te le dirai pas le gros mot, mais je l'ai dans ma tête. » J'ai été frappée par l'intelligence de ce petit. « Alors garde-le bien dans ta tête. » J'ai appelé la maman, à qui je voulais demander de garder son fils chez elle pendant quelques jours. Elle était très occupée, très pressée. J'ai insisté et je lui ai raconté l'incident. Étonnée, elle m'a demandé : « Cela ne vous amuse pas ? – Pas du tout. – Mon mari, ça l'amuse beaucoup, ce vocabulaire. » Alors je lui ai suggéré de m'envoyer le mari et les beaux-parents qui trouvaient cela si drôle. « Votre petit raisonne et réfléchit, il est très intelligent pour être capable de me répondre comme il l'a fait. Eh bien, je vous promets, si vous ne réagissez pas, il mettra son intelligence au service du mal. » L'année suivante, j'ai pris ma retraite et une maîtresse m'a dit : « Il est dur, mais si intelligent ! » Quelques années plus tard, j'ai rencontré la maman dans La Varenne, elle m'a abordée et m'a dit : « Vous aviez raison, il se fait renvoyer de tous les lycées, je ne sais plus où le mettre, tellement il est insolent. »

Jeune directrice d'école à Champigny, j'avais inventé une histoire qui impressionnait fort les enfants : *La langue de Babylas*, qui a passionné les classes année après année. Encore aujourd'hui, je me taille un franc succès en la racontant aux enfants de mes anciens élèves.

« Babylas était un petit garçon très beau : il avait des yeux bleus, des cheveux blonds et bouclés. Mais cette tête d'ange cachait une bouche très vilaine et une langue pleine de boutons, qui sentait très mauvais. Était-ce l'effet d'une grave maladie ? Pas du tout. La raison de cette horreur était les gros mots que Babylas répétait à qui voulait les entendre. Des gros mots abominables, si laids que je ne peux même pas vous les redire. Les parents des enfants qui étaient en classe avec Babylas se plaignaient à la maîtresse des vilaines habitudes que l'enfant donnait à ses camarades. La maîtresse était ennuyée, mais rien n'y faisait, Babylas n'écoutait pas les reproches, et les gros mots continuaient à sortir de sa bouche puante. Sa langue s'allongeait et se couvrait de boutons supplémentaires. La directrice, désolée, demande à la maman de garder son garçon à la maison, il ne devait plus venir à l'école. Mais Babylas continuait à dire des gros mots. Désespérée, la maman décide un jour de se séparer de son petit garçon. Elle lui prépare un baluchon dans lequel elle met du chocolat, du saucisson, des biscuits, du jambon et du pain, elle prend Babylas par la main et le conduit au bord de la Marne, au pont de Chennevière. Elle le laisse là, tout seul, avec son baluchon pour tout bagage. Notre Babylas, pas plus ému que cela, joue tranquillement au bord de la rivière, jette des cailloux dans l'eau en disant des gros mots. Mais ces horreurs effrayent les poissons et les canards, qui s'enfuient. Le petit garçon mange un peu et commence à s'ennuyer. D'ailleurs, la nuit arrive et la peur le gagne. Où va-t-il dormir ? Sous le pont, une vieille caisse lui servira de lit. Il s'endort en pensant à sa maison douillette. Le lendemain matin, le gazouillis des oiseaux le réveille. Il commence sa journée en lançant quelques gros mots à la cantonade, mais la faim bientôt le tenaille et lui fait regretter le bon chocolat chaud de sa maman. Il se saisit d'une vieille boîte de conserve et va puiser de l'eau dans la Marne. Mais alors qu'il se penche, sa langue toute boursouflée tombe dans la rivière. Il veut dire un gros mot, mais bien sûr reste muet. Au loin, il entend une voix douce qui appelle : "Babylas ! Babylas !" C'est sa maman. Une maman ne perd jamais son petit enfant. Il veut lui répondre, mais aucun son ne sort de sa bouche. Il agite alors son torchon de toutes ses forces et sa maman arrive en courant. Elle s'étonne de la perte de sa langue et par signes il lui raconte sa mésaventure. La langue de Babylas a mis très longtemps à repousser. Pendant toutes ces semaines de silence, l'enfant a oublié les gros mots. Maintenant, sa nouvelle langue est fraîche et rose.

Longtemps après, un pêcheur à la ligne se réjouit en remontant dans sa barque ce qu'il pense être un gros poisson. Que voit-il surgir de l'eau ? Une énorme langue pleine de trous et de boutons, transformée en grosse pierre ! Mais c'est la langue de Babylas, se dit le pêcheur, je vais l'apporter à l'école. Et depuis ce temps-là la langue de Babylas trône sur le bureau de la directrice de l'école... » J'avais en effet sur mon bureau un fossile de l'ère secondaire !

La façon de travailler avec les enfants diffère selon le milieu dont ils sont issus. Ainsi, le milieu social de La

Varenne était plus bourgeois que celui de Champigny. Nous avions plusieurs parents d'élèves pilotes, hôtesses ou stewards. Les coquillages rares qu'ils nous ont rapportés des îles lointaines nous ont fourni des thèmes de travail. Les enfants commentaient les coquillages, les étudiaient en détail.

Nous pouvions compter sur ces parents de milieu aisé pour amener les enfants en excursion, par exemple aux Saintes-Maries-de-la-Mer ou à Lascaux. Cela n'aurait pas été possible à Champigny, à quelques exceptions près. Il faut que l'école s'adapte au milieu non seulement en étant à l'écoute socialement, mais aussi en ajustant la pédagogie et les thèmes de travail. On multiplie de la sorte les chances d'ouverture culturelle pour les enfants. On ne peut pas enseigner dans un quartier ou dans un village la même chose que dans un autre. Il faut probablement faire preuve de plus d'imagination dans un quartier pauvre, mais faire participer les parents est toujours très enrichissant. Partout, les talents sont nombreux.

Le climat qui règne dans l'école détermine beaucoup de choses et j'avais expérimenté à Champigny l'importance du décor pour l'ambiance. Quand je suis arrivée à La Varenne, la couleur des classes de ce joli petit château était un affreux caca d'oie vieilli.

J'étais en bons termes avec le maire, vétérinaire, qui était un ancien élève de mon mari, et j'étais très amie avec le conseiller général de Paris (c'était encore à l'époque du grand département de la Seine). Il était de l'Aveyron et nous avions sympathisé tout de suite, rapprochés par notre accent. Je leur fis part de mon désir et leur dis que c'était horrible pour les petits de vivre dans ces couleurs sombres, que ce n'était pas digne de la commune, qu'il faudrait repeindre tout en couleurs gaies. À force de plaider, j'ai obtenu gain de cause et nous avons pu redonner vie aux pièces de ce château. Une magnifique salle était garnie d'une cheminée Renaissance, d'un plafond à caissons et d'une belle porte encadrée de céramiques. Toutes les classes ont été reprises dans des tons pastel et l'école s'est révélée une merveille. « Maintenant que ces petits ont pris l'habitude de ces belles couleurs, ils ne vont pas pouvoir supporter l'école en face, qui est toute triste. » Alors l'école primaire d'en face a été repeinte, et toutes les écoles de la commune se sont mises aux couleurs gaies. J'étais fière de cette victoire pour l'enfant, à travers l'aménagement d'un cadre dans lequel il se sentait bien. Elle m'a valu pourtant les inimitiés d'une collègue socialiste, qui trouvait que je ne devais pas pactiser avec une mairie de droite. Je lui ai répondu : « Ce n'est pas pour moi, je n'ai rien demandé pour mon appartement, c'est pour les enfants. Et si le toit s'effondre, on ne demandera pas sa réparation, peut-être, pour ne pas pactiser avec la droite ? »

Le jour où l'on dressait l'arbre de Noël de l'école était un jour magique. Beaucoup s'en souviennent encore, des décennies après. Nous travaillions des semaines pour décorer l'école, nous nous y mettions tous, les enseignants, le personnel de service, même des ouvriers de la mairie qui nous aidaient bénévolement le soir. Le décor était particulièrement soigné : guirlandes qui pendaient du plafond, grandes fresques collectives, chefs-d'œuvre des enfants, exposés sur les murs. Sur le buffet, des santons en céramique fabriqués par les enfants marchaient au cœur d'une forêt reconstituée. Nous ajoutions le nôtre au sapin fourni par la mairie et nous commandions le goûter chez le pâtissier. Sur une belle nappe brodée, nous posions le couvert avec soin, alignant les verres comme pour une table de gala : verre de grenadine, verre de menthe, l'ivresse de la fête était garantie ! Les enfants chantaient, accompagnés au piano par Mme Gerlach. Les parents venaient admirer quelques instants le décor, puis ils devaient vider les lieux car la fête n'appartenait qu'aux enfants.

Un enfant est un individu avec ses problèmes, son caractère, tout comme les adultes. On doit chercher à l'intégrer au groupe, mais pas de force. En mai 1965, intrigués et inquiets de voir les élèves nerveux, agités et anxieux, nous avons mené une enquête sur leurs occupations après l'école. Notre travail a porté sur quatre cents enfants. Ils ne parlaient que de *Belphégor* et tous leurs jeux tournaient autour de ce feuilleton qui les tenait en haleine. Leur comportement était profondément influencé par certaines scènes, en particulier la scène du couteau. Le Dr Audouze et le Dr Grasset ont analysé les dessins des enfants et le Dr Audouze a lancé un cri d'alarme dans *La Presse médicale*. Son enquête, « Le test de Belphégor », a tiré un certain nombre de conclusions.

Les dessins traduisaient l'effroi ressenti devant le film, interprété par des artistes de talent. Sensibles à des scènes qui laissaient peu de souvenirs aux adultes, ces tout jeunes téléspectateurs éprouvaient une émotion qui pouvait se traduire par de véritables troubles psychiques, nervosité, cauchemars. L'article du Dr Audouze attirait déjà l'attention sur le nombre d'heures passées par les enfants devant la télévision ; le véritable poison était l'assiduité devant le petit écran. Même si les programmes peuvent être améliorés, il faut que les parents aient le courage de limiter le temps accordé à ce loisir.

La violence à la télévision, dont on parle si souvent aujourd'hui à chaque fois qu'un fait divers tragique illustre ce phénomène de contagion entre la fiction et le réel, était une découverte pour nous, en 1965. Les parents – bien sûr, beaucoup n'avaient pas la télévision à l'époque, mais souvent un épisode de *Belphégor* raconté par un enfant à un autre était encore plus effrayant ! – étaient mis devant leurs responsabilités. Notre enquête a connu un vrai retentissement ; des articles dans la presse française mais aussi anglaise, américaine et italienne sont parus, illustrés de dessins de nos enfants analysés par les psychiatres. Peu après, nous avons eu le plaisir de voir sur nos écrans des feuilletons véritablement destinés aux enfants, comme *Belle et Sébastien*. Mais mai 68 pointait à l'horizon, et notre mouvement a bientôt été balayé par d'autres préoccupations.

Actuellement, enquêtes et études font surface régulièrement : les jeunes ne savent plus lire. Vingt pour cent, dix pour cent, les chiffres changent, mais le phénomène est là, accusateur pour l'école et ses instituteurs. L'école est-elle seule en cause ? Se préoccupe-t-on de constater les ravages de la télévision, qui « accueille » l'enfant dès sa sortie de l'école ? Cette télévision, ne pourrait-on pas la mettre à contribution pour l'apprentissage de la lecture, puisqu'elle doit remplacer les parents trop occupés ? Des histoires simples, sur les mots, les sons, les lettres, des contes télévisés. Ah, si j'étais plus jeune ! Certains jeux des aînés pourraient aussi être adaptés à un public de petits. Ces programmes remplaceraient avantageusement certaines séries où tout n'est que mensonge, violence, crimes et coups tordus.

Aujourd'hui, je suis désolée quand je vois ces dessins d'enfants, non seulement pleins de violence, mais à la technique bâclée. Les stylos feutre sont certes plus commodes que la peinture, moins salissants, mais leurs ressources techniques et pédagogiques sont moindres : le doigté de l'enfant, son habileté à manier doucement le pinceau, à mélanger les couleurs, s'exercent dans la peinture, s'affinent dans la difficulté. Le stylo feutre représente une solution de facilité qui l'emporte sur l'art.

Il y a maintenant trop d'images. Je me souviens de mon premier livre, les contes de Perrault, offert par une tante. J'étais une enfant assez rêveuse et j'avais imaginé clairement *La Belle au bois dormant* ou *Peau d'âne* avec ses robes aux couleurs du temps dont je « voyais » les nuages. Quand j'ai reçu le livre, ce fut une déception terrible : illustré de dessins d'une banalité désolante, il interdisait à l'imagination de s'exercer librement. L'image a mis le livre en danger, elle captive l'enfant ; il faut se servir de cette image d'une façon inventive, à des fins pédagogiques. Et puisque la lecture est en danger, ce sont les meilleurs maîtres qui doivent être chargés de ces classes stratégiques que sont la grande section de maternelle, le cours préparatoire et le cours élémentaire première année.

Une équipe de télévision japonaise est venue tourner un film sur la vie de la famille à Paris et sur le statut de la femme française. À l'époque, au Japon, quand les femmes se mariaient, elles arrêtaient de travailler ; les journalistes voulaient étudier comment les choses se passaient ailleurs dans le monde. L'idée émanait des femmes japonaises, qui aspiraient à une autre vie que la leur, cloîtrée à la maison. Sollicitée, j'ai accepté de recevoir cette équipe. Les journalistes et techniciens sont restés dix jours à l'école. Ils voulaient qu'on leur montre comment une femme qui travaillait et avait des enfants pouvait mener de front tout cela. J'avais trouvé une famille de l'école qui voulait bien se prêter au jeu. La maman était dentiste, le père radiologue, ils avaient trois enfants. Les caméras suivaient la femme toute la journée, depuis le départ des enfants pour l'école le matin jusqu'au soir et leur coucher. Ils filmaient les enfants dans l'école, et ont consacré une matinée à filmer la femme à son travail. L'équipe a continué son tournage en Allemagne, en Suède, en Belgique, en Suisse et en Israël, et cette série de reportages a connu un succès fou au Japon. Cette visite a eu une conséquence imprévue : les Japonais ont été si impressionnés par notre pédagogie que, pendant trois ans, des enseignantes japonaises sont venues s'initier à nos méthodes.

Notre famille habitait cette espèce de petit château qu'était notre école, avec beaucoup de place. Le grenier, les chambres de bonnes étaient pour les enfants. C'était en partie ce qui m'avait attirée là, tout cet espace. C'est si important pour une directrice d'habiter à l'école et d'être ainsi toujours disponible pour les familles et les enfants. Maintenant, bien souvent, les directeurs préfèrent un logement à l'extérieur, ce qui est dommage.

En mai 68, Claude, alors père de deux enfants, se trouvait aux États-Unis. Revenu en hâte, il a pu défiler avec nous de la gare de Lyon à la Bastille. Par la suite, il a suivi les événements avec intérêt, mais non sans une certaine réserve car il n'appréciait ni le style débraillé, ni la démagogie, ni les outrances de certains. Renée-France et Henri n'aimaient pas du tout la politique, dont nos activités si prenantes, à leur père et à moi, les avaient dégoûtés. Ma fille était quand même au service de soins des blessés à Jussieu et elle avait organisé une collecte de médicaments. Henri n'allait pas aux manifestations. On l'avait traîné à l'une d'elles, gare de Lyon, où nous nous sommes rendus tous ensemble, avec Claude.

Jean-Louis avait maintenant quinze ans. Outre les événements, la fin de sa scolarité a malheureusement été troublée par les problèmes familiaux et conjugaux que nous avons traversés. J'essayais de le dissuader d'aller aux manifestations, mais il faisait partie d'un groupe d'amis passionnés par Che Guevara et militait dans la mouvance trotskiste. Il y avait des bagarres à la sortie du lycée quand les militants d'Ordre nouveau [1] venaient se frotter à lui. Il menait des réunions et des manifestations politiques. Et moi qui le trouvais un peu timide ! Il a eu la première partie du bac sans difficulté, mais si on voulait qu'il travaille, il fallait l'éloigner un peu de la politique, des copains et du Che. Il a donc travaillé à mi-temps comme secrétaire du doyen de la faculté de droit de Saint-Maur tout en préparant la seconde partie de son bac par correspondance. Cette formule a bien convenu à mon jeune révolté. Il a été très soutenu par nos amis, qui l'aidaient dans ses matières faibles, il a apprécié l'atmosphère de la faculté, les discussions avec les professeurs. Il a été également responsable administratif de l'animation culturelle de l'université.

Après son bac, il a décidé d'être kinésithérapeute. Il n'avait pas fait de sciences naturelles et j'étais assez inquiète, mais il a accompli ses études sans histoire. Il assurait la garderie le soir et la cantine à midi dans mon école pour payer ses études, car notre situation de famille avait changé. Aujourd'hui, il aime son métier, le contact avec les patients, et a obtenu pour ses travaux la « Main d'or », distinction très valorisante. Je regrette quelquefois

1. Mouvement néo-fasciste créé en 1969 et dissous en 1973. (NDE.)

qu'il n'ait pas plus de temps pour la sculpture et le modelage, pour l'histoire aussi qui le passionnait tant.

J'étais restée secrétaire du syndicat jusqu'à mon arrivée à La Varenne en 56. J'avais alors une école nouvelle avec un important travail de recréation qui demandait toute mon attention et tous mes efforts. J'ai cependant continué d'adhérer au syndicat comme simple membre jusqu'au moment du découpage du département de la Seine. Tous les avantages que nous avions acquis à Paris ayant été supprimés à ce moment-là, il fallait désormais compter quatre cents élèves inscrits pour obtenir une décharge complète, ce qui a donné lieu à des magouilles ; des collègues dont un élève quittait l'école ne déclaraient pas ce départ, conservant son nom sur les listes pour qu'elle atteigne le chiffre fatidique. J'ai claqué la porte du syndicat. Un directeur doit être déchargé de classe pour pouvoir s'occuper de l'école en général, des problèmes sociaux, pédagogiques, de l'association des parents d'élèves. Le syndicat n'a pas soutenu cette idée, alors j'ai piqué une colère. Jamais mes collègues ne m'avaient vue dans cet état. Je demandais que le syndicat prenne la défense des directeurs, et j'entendis le secrétaire me répondre que les directeurs étaient une minorité. J'ai rétorqué : « Moi, j'ai toujours appris que les minorités faisaient les majorités. » Mes collègues m'ont calmée, mais je ne suis plus syndiquée.

Après 1968, certains instituteurs sont arrivés à l'école en tenue débraillée. Il existe un règlement pour l'école et j'avais toujours connu des instituteurs vêtus correctement. Un jour, on m'envoya un suppléant, un homme. Je m'en réjouissais, c'était la première fois que j'avais un enseignant homme. Très gentil au demeurant, ce garçon avait des cheveux longs jusqu'aux épaules, des anneaux dans les oreilles, un blue-jean crasseux. « Je viens pour le remplacement. – Allons donc dans mon bureau. Quel âge avez-vous ? – Vingt-trois ans. – Il y a longtemps que vous faites des suppléances ? – Un ou deux ans. – Vous avez l'âge de mon petit-fils, alors vous me permettrez de vous parler comme une grand-mère. » Je lui ai demandé dans quelles écoles il était allé et si on lui avait montré le règlement. « Non ? Eh bien, tenez, je vais vous en montrer un petit bout. » C'était le règlement pour les élèves : ils devaient venir à l'école dans une tenue correcte. Alors je lui ai dit que cela s'appliquait en premier lieu au maître. Les enfants sont très sensibles à la tenue des enseignants. Les maîtresses étaient toujours coquettes, portant des blouses impeccables. J'ai expliqué très gentiment, en grand-mère : « Je ne vais pas vous mettre en contact avec les enfants, vous êtes tout sale. – Mais je viens en moto... – Eh bien, à l'école il y a des locaux pour se changer. Vous avez des cheveux longs, ce n'est pas très hygiénique. On va rester tous les deux dans le bureau et travailler. » Je sors mes dossiers et je lui explique comment nous travaillons. Il a dû se demander dans quelle école il était tombé et sur quelle directrice ! Les dossiers l'intéressaient manifestement et, à la fin de la matinée, je lui donnai rendez-vous en début d'après-midi pour continuer notre travail. Entre-temps, je téléphonai à l'académie pour leur dire que je ne voulais pas de ce phénomène, auquel il fallait trouver un autre poste. On me dit de le garder quand même au moins trois jours, le temps de me trouver quelqu'un d'autre. Mais, après le déjeuner, à ma grande surprise, je vis mon suppléant revenir les cheveux coupés et habillé d'un pantalon propre. Alors je lui ai confié une classe et tout s'est très bien passé. À la fin de son remplacement, il m'a demandé s'il pouvait revenir travailler le soir de temps en temps parce qu'il était passionné par la démarche pédagogique.

La Varenne n'avait pas de théâtre, contrairement à Champigny. Organiser des fêtes exige un lieu qui s'y prête. La première année, j'ai essayé de monter un petit concert, profitant de la présence à l'école du fils de la chanteuse Lisette Jambel. La maman a chanté *Le Petit Chaperon rouge* sur une estrade sous le préau. Par la suite, nous avons décidé de monter plutôt une grande exposition pédagogique où les enfants montreraient toutes leurs réalisations et chanteraient pour les parents ce qu'ils avaient appris dans l'année. À cette exposition de fin d'année, les parents voyaient vraiment le travail de l'enfant. Nous nous sommes le plus souvent abstenues de personnaliser les travaux, mettant rarement les noms des enfants sous les œuvres pour que chacun ait la fierté de reconnaître et puisse montrer lui-même à ses parents sa participation.

Tout récemment, j'ai repéré dans un film une cour de récréation munie de balançoires. C'est prendre bien des risques, car on ne peut poster une personne auprès de chaque équipement. En outre, ces occupations individuelles vont à l'encontre de la socialisation. Dans la cour, l'important, c'est de favoriser les liens entre enfants, à travers les rondes, le chat perché, la marelle, et les précieux apartés animés de discussions. Au lieu de quoi, autour des jeux fixes installés dans les cours, les petits se disputent pour savoir qui entrera le premier dans la cabane, qui montera à l'échelle, qui se balancera. Les vieux pneus sur lesquels ils sautent les salissent et leurs mamans protestent à leur retour. Quand je vois dans les cours d'écoles des petites voitures, des vélos, je suis préoccupée par la surveillance que ces équipements impliquent pour les maîtresses.

Nous travaillions autrement. Les jouets étaient sortis le samedi matin, jour où peu d'enfants venaient à l'école, ce qui donnait aux maîtresses le temps de ranger leurs classes. Ils jouaient avec les poupées ou à un jeu collectif. À La Varenne, les enfants étaient déjà très gâtés chez eux, où ils n'avaient que trop de jouets. À l'école de la porte d'Ivry, les choses étaient différentes, j'avais prévu beaucoup de jouets : les enfants n'en ayant pas chez eux, ces jouets n'en prenaient de ce fait que plus de valeur.

Dans les classes de bébés, bien sûr, le jouet était toujours présent, mais beaucoup moins dans les classes de moyens et de grands. Les enfants préféraient « travailler », apprendre. Ce qui aboutissait à ce paradoxe : si je devais punir un enfant, je le privais de travail... Parce qu'ils avaient tous envie de savoir lire et écrire. Cela seul les atteignait. Je pouvais les comprendre : j'avais été comme eux.

Je donnais aux mamans pour le jour de la rentrée des conseils précis, car c'est toujours une journée difficile. À chaque fin d'année, je leur disais d'expliquer aux enfants qu'ils allaient à l'école parce qu'ils étaient grands. J'échelonnais la rentrée des petits sur toute la semaine pour ne pas entendre leurs cris mêlés.

La présence de l'assistante sociale dans le milieu de l'école est plus qu'importante ; elle est indispensable, je n'ai jamais cessé de le répéter. Trait d'union entre l'école et les familles, le quartier, elle permet de repérer les situations délicates le plus tôt possible, d'intervenir avant que les choses ne s'aggravent de façon irréversible. Autrefois, une assistante sociale avait la charge de deux écoles, maintenant elle a cinq mille élèves sous son aile. Que voulez-vous qu'elle fasse ? Elle ne peut connaître bien ni les écoles, ni les enseignants, encore moins les élèves et les familles. À la porte d'Ivry, les cas sociaux ne manquaient pas, mais tout n'est pas rose pour autant dans les quartiers plus aisés. À La Varenne, il a fallu intervenir plusieurs fois. La décharge de classe du directeur et la présence d'assistantes sociales vont dans le même sens. Nous travaillions en collaboration avec l'assistante sociale : quand nous pressentions un problème, nous observions l'enfant de près. Celui qui ne fait rien à l'école, serait-il battu chez lui ? Cette fillette si intelligente, qui ne réussit pas en classe, entend-elle vraiment bien ? Nous avons ainsi alerté une maman à juste titre, bien qu'elle fût orthophoniste. Celui-là qui bégaie, et qui tape du pied gauche dans le ballon mais écrit de la main droite, n'est-il pas un gaucher que sa famille tente de contrarier ? Il y a quelques années, j'ai rendu visite à un ancien élève, Thierry, dans la maroquinerie de ses parents. Il m'a confié combien il avait souffert, le peu de temps où l'usage de la main droite lui avait été imposé. Vingt ans après, il s'en souvenait encore.

Juste après la rentrée, dans les classes de moyens et de grands, nous nous consacrions en général à l'étude de l'automne, puis venait la préparation de Noël. En début d'année, nous entamions un travail sur un thème que nous gardions jusqu'à la fin de l'année. Les grandes fresques concrétisaient le travail de l'année. Avant la mise en œuvre de la phase collective, chaque enfant travaillait individuellement. Ainsi, pour une fresque sur Paris, nous avons d'abord demandé aux parents d'emmener leurs enfants voir la ville, librement, à leur choix : Notre-Dame, la tour Eiffel, les quais de la Seine... Les parents ont accepté avec plaisir, Paris n'était pas loin. Beaucoup de Portugais venaient d'arriver dans la région et ne connaissaient pas la capitale ; nous avons demandé à certains parents de prendre avec eux une maman et un petit Portugais pour la leur faire découvrir. À leur retour, les enfants ont raconté ce qu'ils avaient vu. Ils parlaient l'un après l'autre, écoutaient ce que leurs camarades avaient vu, même si la description ne correspondait pas à leur vision personnelle. S'ensuivaient des questions, un dialogue, naissait l'envie de retourner voir d'autres lieux, chez les parents comme chez les enfants.

Ensuite ces derniers ont peint « leur » Paris. L'un voulait représenter Notre-Dame, l'autre le Sacré-Cœur, un troisième la tour Eiffel. Sur une grande bande de papier posée sur le mur, l'œuvre commune s'élaborait au fil des discussions. Les échanges sur la composition de la fresque étaient animés : où devait-on mettre la Bastille, et Notre-Dame ? Le résultat était magnifique : ils avaient vu Paris à leur façon, ils avaient vu les choses différemment en les voyant individuellement. Les dessins s'enrichissaient de semaine en semaine. Dans une fresque, le travail personnel aboutit à une œuvre cohérente, le contraire de morceaux recollés. Puis nous avons organisé une sortie en car et fait un tour de Paris, commenté par les enfants.

Nos collègues des autres écoles n'étaient pas en reste. La mairie du XIIIe arrondissement avait, une année, monté une tombola dont le gros lot était une bicyclette, ce qui ne fut pas sans me rappeler le vélo du certificat d'études, à Lunas, qui avait tant fait pleurer Nini la surdouée ! L'effervescence régnait dans toutes les écoles. Une des enseignantes a suggéré de réaliser un grand dessin collectif pour garder le souvenir de cette fameuse bicyclette qui allait disparaître après le tirage. Les enfants ont pris des mètres, ils ont compté les rayons des roues de la bicyclette, apprenant à fabriquer un compas avec une ficelle et un crayon pour dessiner des ronds, ils ont mesuré la distance entre les roues. C'était donc en même temps un exercice d'initiation au calcul. Et la bicyclette existait encore sur le papier tandis que la vraie était partie...

Quelquefois, les thèmes étaient communs à plusieurs classes. Pour le Moyen Âge, par exemple, deux classes ont étudié la vie quotidienne, l'une du côté du seigneur et l'autre du côté du paysan, puis confronté leurs travaux. Ce thème leur avait été inspiré par la belle cheminée sculptée qui ornait la classe, représentant une chasse. Pour reconstituer un vrai château en miniature, avec ses tours, ses chemins de ronde, la maîtresse et les enfants ont dû réaliser un moule où fabriquer de petites briques identiques, que les enfants ont scellées les unes aux autres. De nombreux documents ont été consultés. La construction du toit du donjon a donné l'occasion d'étudier la forme du cône et de se livrer à des calculs pour adapter exactement le toit au bâtiment. Ensuite, les enfants se sont penchés sur la vie au château : là encore, recherche de documentation, visite de Vincennes, Fontainebleau, Grosbois. Mon fils Jean-Louis était passionné. Puis le carrosse a complété la scène : nous l'avons fabriqué en osier après une visite d'observation à Versailles.

Les parents emmenaient les enfants visiter des châteaux pendant les vacances. À la fin de l'année, la classe s'est rendue au musée de Cluny, où les guides furent surpris par la curiosité et les connaissances des élèves de cinq ans seulement. L'un demanda à voir *La dame à la Licorne*, l'autre (mon Jean-Louis) s'étonna de ne pas voir « les souliers pointus des grandes dames ».

Un des principaux intérêts de tous ces sujets réside certainement dans la façon dont les parents participaient à l'enrichissement des enfants, façon qui variait selon les thèmes et les possibilités des familles. Une des maîtresses a travaillé deux années de suite sur les gitans : leurs mœurs, leur origine, leurs habitudes, leur vie. Les parents sont allés aux Saintes-Maries-de-la-Mer. Tous ces travaux étaient conservés dans de grands dossiers, retraçant le cheminement du projet, témoignant du travail de chacun et du groupe. Le dossier constitue un instrument d'analyse, une preuve, un souvenir, un témoignage de ce qui a été vécu. Celui du *Vieil homme et la mer* est encore souvent consulté par de jeunes instituteurs. Lorsque je feuillette moi-même un dossier gardé en souvenir, je me sens redevenir institutrice et je suis fière de mon travail.

Le vieil homme et la mer a passionné une classe de moyens. La maîtresse a d'abord lu à haute voix le roman de Hemingway, puis ont surgi des questions, suivies de recherches, d'explications : sur Cuba, la pêche, les palmiers, la mer chaude, les pays chauds. De multiples dessins furent réalisés, les enfants recréant un monde, se l'appropriant. Et des recherches sur toutes les sortes de palmiers, les palmiers dattiers, les palmiers cocotiers, la forme des palmes, la rugosité des troncs, puis sur le personnage principal, Santiago. Ces textes donnaient aussi l'occasion de s'attarder sur la vieillesse : les cheveux blancs, les rides, les taches sur la peau. La mer fascine les enfants : elle bouge, elle est grande, il y a les bateaux, les crevettes... La maîtresse leur récita des poèmes sur la mer, leur fit écouter des musiques qui l'évoquaient. Elle essayait de traduire l'immensité, le mouvement, avec des peintures, par ce que Sartre appelle « cet acte d'incantation qui fait apparaître l'objet auquel on pense, la chose qu'on désire, de façon déjà qu'on en puisse prendre possession ». Les déboires de Santiago les touchaient, sa solitude, sa persévérance et sa résignation. Manolin, le compagnon de Santiago, avait la peau « café au lait », occasion d'étudier la diversité des races et la palette des couleurs, d'évoquer la ronde de Paul Fort : « Si toutes les filles du monde... si tous les gars du monde... »

La pêche fut prétexte à se plonger dans de nombreux livres, gravures, photographies ; nous en étudiions toutes les formes ainsi que l'immense variété des poissons. Les dessins s'affirmaient, se précisaient. Un papa nous projeta un film de Cousteau, occasion de discussions multiples : et le mérou qui attaque, et l'homme-grenouille... Certains enfants nous apportèrent leur collection de coquillages, l'un d'eux la carapace d'une tortue de mer. L'imagination s'envola vers les sirènes... Après ces moments de liberté, nous retournions à notre vieux pêcheur et à son combat.

Tout cela s'est retrouvé dans les peintures et les modelages, les représentations ont évolué au cours des semaines, au gré de la connaissance qui s'approfondissait, des émotions qui s'exprimaient, pour aboutir à des réalisations magnifiques.

En grande section de maternelle, à la fin de l'année, bon nombre d'enfants savaient lire. Tout simplement parce qu'ils le voulaient, parce qu'ils avaient envie de savoir lire et écrire. Comment et pourquoi les freiner, brimer leur attente ? Ils étaient équilibrés, épanouis, ils savaient lire mais aimaient aussi peindre, s'exprimer, chanter, danser. Ces enfants, en sortant de maternelle, pouvaient passer directement au cours élémentaire. Au prix, parfois, de discussions avec le directeur de l'école primaire, dont les prévisions pour les effectifs des classes préparatoires et élémentaires étaient démolies ! L'intransigeance de certains directeurs et leur refus d'accepter ces enfants en ont fait passer plus d'un dans le privé.

Les cancres, qui désespèrent les parents et les enseignants, sont souvent simplement des enfants mal adaptés à l'école. Donner à un enfant l'étiquette de cancre est un crime. Combien d'enfants ont été poursuivis toute leur vie par ce qualificatif ! Combien de « cancres » sont devenus des artistes célèbres, des artisans habiles, des sportifs admirés ! D'anciens élèves viennent me voir et, malgré des parcours tout à fait honorables et parfois même remarquables, se remémorent toujours cette humiliation. Le mot de cancre devrait être banni du vocabulaire de l'école. Instruire, ce n'est pas classer, c'est apprendre à vivre. J'ai toujours été farouchement opposée aux notes, je l'ai déjà dit. De l'âge de cinq ans jusqu'à celui de soixante-sept ans, j'ai été notée, comme élève puis comme enseignante et directrice d'école. Petite fille, alors que je récoltais en général de bonnes notes, j'étais très triste lorsque Andréa, Hermance ou Juliette alignaient les zéros. Hermance m'a même encore fait une scène, à quatre-vingt-six ans, à propos de ces notes : « Tu étais la chouchoute, tu avais toujours des 8 ou des 10, et moi, même en faisant des progrès, en passant de quinze fautes à cinq en orthographe, j'avais toujours zéro. » Enfant, elle ne comprenait pas cette injustice et, adulte, elle ne l'avait pas oubliée. Quant à moi, j'ai toujours maudit ces classements qui me brouillaient avec mes camarades. Combien d'entre elles ont eu des sueurs froides devant une mauvaise note en pensant aux foudres paternelles ? Combien ont camouflé, truqué des résultats, inventé des histoires pour éviter le pire ? À l'école, la maîtresse les gronde, à la maison les parents continuent, alors comment les enfants ne chercheraient-ils pas à biaiser, tricher, par tous les moyens ? Les notes qui m'étaient décernées, rarement vraiment mauvaises, entraînaient des réactions familiales mesurées.

Les bons points, je ne les ai jamais aimés ; enfant, je les perdais ou, comme je l'ai raconté, je les monnayais. Les punitions, les lignes qui étaient censées nous dissuader de bavarder, je les ai écrites avec l'aide de mes camarades sans pour autant renoncer à bavarder.

L'échec scolaire peut handicaper à jamais l'avenir d'un enfant. Doit-on incriminer la rigidité des programmes, l'ambition démesurée des parents pour leurs enfants, l'attitude désinvolte de certains enseignants ? Peut-être faudrait-il aussi examiner le système de notation et de classement, qui est pour beaucoup une fabrique d'échecs : dans une classe où tout le monde progresse, le dernier sera toujours le dernier, il ne prendra pas conscience de ses authentiques progrès et sera privé de la légitime satisfaction qu'il pourrait en tirer.

Je relis avec admiration les mots de Léon Bérard, ministre de l'Instruction publique, datant de 1923 : « ... On ne travaille que dans la joie... Ce que nous souhaitons, ce n'est pas qu'on réduise au minimum les efforts intellectuels de l'écolier, c'est au contraire qu'on l'amène à les multiplier en les lui faisant accomplir dans la joie. Tous les procédés qui rendent l'enseignement concret, qui font appel à l'activité de l'enfant, qui permettent de passer par d'habiles transitions du jeu à la leçon sont de nature à créer dans la classe les meilleures dispositions intellectuelles et morales. »

Ces paroles sont pour moi précieuses. Une école active, une école d'éveil, de recherche, qui donne à l'enfant le désir de s'instruire toute sa vie, l'amour de la lecture, l'esprit critique. Une école sans notes, bien sûr, au moins jusqu'à douze ans, mais avec un graphique individuel qui indiquerait la « température » du travail accompli. Une école avec un stade ouvert même les jours de congé, avec de la gymnastique, qui calme et qui développe. Le sport permet de venir à bout de la violence, abolit les barrières et mobilise tous les jeunes, fait découvrir d'autres milieux à travers les échanges entre équipes d'autres régions – Claude a ainsi parcouru la France grâce au basket. Une école qui comporte aussi un atelier de peinture, de céramique, de théâtre ou de musique. Des activités qui impliquent les parents, leur permettent de comprendre le développement de leurs enfants, de ne pas se sentir étrangers à l'école et de participer à l'enrichissement de la pédagogie.

Le meilleur pédagogue est celui qui apprend à raisonner, à assimiler les principes de base qui encouragent l'enfant à s'engager dans n'importe quelle voie de recherche. Instruire, c'est apprendre à penser, à écrire, à dialoguer, à vivre.

Mai 1968 avait sonné le glas de mon ménage et fait de moi la veuve d'un vivant. Plus de trente-cinq années de vie commune, de lutte, n'ont pas résisté à l'air du temps. Adieu la retraite à cinquante-cinq ans, me voilà dans l'obligation de prolonger mes activités. Jean-Louis avait quinze ans, Henri abandonna ses études de pharmacie et devint, comme je l'ai dit, un excellent instituteur, ce qui est bien sûr une joie particulière pour moi.

Si l'on peut dans l'enseignement prendre sa retraite à cinquante-cinq ans, j'aurais moi-même théoriquement pu la prendre dès cinquante et un ans parce que j'avais commencé à travailler très tôt, et que mes années de Résistance entraient en compte, tout comme mes quatre enfants. Mais on peut aussi exceptionnellement prolonger ses activités. J'ai donc continué jusqu'à ma soixante-septième année pour finir d'élever mes enfants. Avec mes parents et mes beaux-parents, ils m'ont permis de surmonter cette période difficile. L'école aussi m'a aidée, les yeux des petits élèves ont été ma meilleure thérapie et la sympathie de mes collègues un soutien précieux.

*
* *

Juillet 1979 a marqué la fin de ma carrière d'enseignante, de quarante-huit ans de vie au milieu des enfants. Moments émouvants, moments chaleureux, où m'entourent et me fêtent les parents, les enseignantes, les enfants, les anciens élèves, les personnalités officielles aussi. Ma dernière nuit dans le grand bâtiment de l'école s'est passée sans sommeil, à l'écoute de l'intérieur et de l'extérieur, au milieu des bons souvenirs et des autres, plus douloureux. J'ai parcouru chaque pièce de cette école à laquelle j'avais donné le nom de l'artiste que j'admirais tant et qui nous avait tant appris, Édouard Cazaux. Je me suis remémoré tout le travail accompli, toutes les relations tissées. Puis j'ai quitté pour toujours cette école où j'avais passé vingt-trois années.

Mais je reste aujourd'hui au milieu des « miens », à La Varenne. Je ne suis pas seule, je rencontre quotidiennement d'anciennes collègues, d'anciens élèves, qui me font sentir que je suis toujours une enseignante. Grâce au dévouement de mon fils Henri, mon pavillon proche de la Marne a été rénové. J'y vis parmi les tilleuls et les oiseaux. La campagne est calme. Ici, je connais tout le monde, les bords de la Marne sont très agréables, même si l'eau trouble d'aujourd'hui n'accueille plus les mamans et les petits qui venaient y nager après l'école, même si les rives ne sont plus animées par les joyeux pique-niques des Parisiens, venus par le petit train de la Bastille. Dans mon jardin, je me plais. Je me suis très bien adaptée à ma nouvelle vie, je ne m'ennuie pas, mes enfants et mes petits-enfants ne sont pas loin, mes amis non plus.

Je retourne avec plaisir à Ceilhes pour les vacances, tous les étés, et j'y retrouve quelques amis d'autrefois. Mais la vie n'y est plus la même, mes bonnes amies sont mortes et je ne peux plus guère partir dans la montagne faire les promenades que j'aimais. Les usines ont disparu, le tourisme règne. Le temps des veillées est révolu, chacun reste chez soi le soir. La seule activité qui ait résisté à l'usure du temps est le jeu de pétanque. Mais seuls ces messieurs y jouent.

Le temps me manque pour accomplir tous mes projets. Je me suis d'abord beaucoup consacrée à l'art, entraînée dès le début de ma retraite par mon amie Lulu Besse dans l'atelier de peinture de Mme Ducaire, à Montparnasse. Moi qui avais toujours donné la priorité à l'expression artistique dans mes classes, j'y étais dans mon élément. Depuis ma tendre enfance, j'ai toujours pratiqué l'aquarelle et les rapports d'inspection ont souvent souligné cet aspect de ma pédagogie. Nous passions à l'atelier de Montparnasse une journée complète, composant des natures mortes, échangeant des avis. Notre professeur intervenait peu, respectait nos façons de faire, nos styles. Elle s'étonna un jour de mes choix de couleurs vives et claires : « D'où tenez-vous cette joie dans vos dessins ? – Des enfants de mes écoles. – Gardez-la surtout. » Nous avions aussi des séances de nus, les modèles étaient des étudiantes. Peindre, c'est tout oublier, c'est voir les choses autrement. Je me suis rendue à l'atelier pendant plus de quatre ans, puis j'ai continué à peindre chez moi. Je ne saurais que trop conseiller la peinture. Elle pousse vers les musées, les expositions. Et face à la matière, à la couleur, nul ne craint plus la solitude.

Je continue à cheminer, la tête pleine de mes souvenirs d'autrefois, dans un monde qui m'échappe parfois mais me captive. Je revois les enfants dans la rue jouant aux billes ou au cerceau, la rivière claire où nageaient truites et écrevisses, les paysans poussant leurs bœufs, j'entends le bruit de l'enclume du maréchal-ferrant et le son du tambour du garde champêtre. Je me souviens aussi de la première lampe électrique, de la première automobile et des progrès techniques innombrables qui ont émaillé le siècle. Je ressens aujourd'hui une admiration sans bornes pour nos savants. Et en premier lieu – faut-il s'en étonner ? – pour mon fils Claude.

La maman enseignante a vu au cours des années émerger un grand savant. Il amenait à Ceilhes ses collaborateurs et ses élèves, que je retrouve parfois lors de cérémonies scientifiques émouvantes. De La Varenne, une carte toujours à portée de la main, j'ai suivi ses voyages de recherche, dans l'Himalaya, à Pékin, à Denver ou ailleurs. Il nous a toujours expliqué ses travaux, nous avons pu suivre le développement de ses recherches et la reconnaissance mondiale qui s'ensuivit. Lui qui détestait tant les classements et les prix, il s'est vu décerner un nombre de distinctions impressionnant. Il n'en fait jamais état.

J'avais été une petite fille exigeante à qui sa grand-mère disait souvent : « Que veux-tu encore ? La lune, peut-être ? » Comme tous les paysans, j'avais vécu au rythme de cet astre qui déterminait beaucoup d'activités des champs, j'avais vu plus tard avec émerveillement Neil Armstrong marcher sur la Lune en juillet 1969. Mon ravissement a atteint son comble quand j'ai appris que mon fils était chargé pour la France d'analyser quelques grammes des échantillons rapportés.

Le métier qui a rempli ma vie illumine ma retraite, surtout depuis que mon ministre est mon fils, puisque je suis enseignante, qualité que je garderai jusqu'à mon dernier souffle ; en tant que telle, je lui dois le respect. Être la mère d'un savant est exaltant, mais être la mère de « son » ministre est captivant, et me contraint au devoir de réserve ! En tant qu'ancienne militante syndicale, j'approuve ses démarches. Je sais que ses décisions sont marquées du sceau de l'amour des enfants et du respect des enseignants, ces enseignants qu'il connaît si bien car c'est parmi eux qu'il a grandi, grâce à eux qu'il s'est révélé.

Ses responsabilités nationales me privent de lui, mais elles me comblent de fierté, moi qui ai voulu être maîtresse pour que plus jamais les mauvais élèves ne soient affublés de colliers d'escargots, moi qui ai navigué d'une école à l'autre au gré des remplacements.

J'ai aimé ce métier avec passion, il a orienté et guidé ma vie, il m'a aussi, à bien des occasions, fait délaisser mes propres enfants au profit de ceux des autres et je comprends ainsi mieux que quiconque pourquoi Claude donne tout son temps à la jeunesse.

Remerciements

Je remercie tous ceux qui ont insisté pour que j'écrive ces souvenirs, mes enfants, mes petits-enfants, en particulier Henri, qui m'a aidée et entraînée dès le début, Jean-Louis, Jean-Paul et Laurent, Frédérique et Nathalie, qui n'ont cessé de me « harceler » pour que je les mène à terme, mes anciennes collaboratrices, mes anciens élèves...

Ma gratitude va aussi à Marie Renault, dont la généreuse patience et les précieux conseils m'ont accompagnée tout au long de la rédaction de ces pages.

Table des matières

I

1913-1931

La Gabachoune et le collier d'escargots

page 5

II

1931-1945

Les grands débuts dans la France en guerre

page 57

III

1945-1999

Dans, avec, par et pour l'école

page 117

Remerciements

page 187

*Cet ouvrage
a été reproduit
et achevé d'imprimer
sur Roto-Page
en octobre 1999
par l'Imprimerie Floch
53100 – Mayenne.*

---

*Dépôt légal : octobre 1999.
N° d'imprimeur : 47200.
N° d'éditeur : 5130.
Imprimé en France.*